Budget und Gesetz

nach

dem konstitutionellen Staatsrecht Englands

mit Rücksicht

auf

die deutsche Reichsverfassung

von

Dr. **Rudolf Gneist**,

Abgeordnetem zum Reichstag des Norddeutschen Bundes.

1867.

Springer-Verlag Berlin Heidelberg GmbH

ISBN 978-3-662-38995-9 ISBN 978-3-662-39964-4 (eBook)
DOI 10.1007/978-3-662-39964-4

„Es bestehen über das Verhältniß des Staatshaushalts Irrthümer, die nicht auf großen Grundsätzen beruhen, sondern welche entstanden sind durch die Unkenntniß des practischen Zusammenhangs dieser Dinge in den fremden Verfassungen, aus denen stets räsonnirt wird." (Stenogr. Ber. des Reichstags S. 631.)

Ich darf an diese Worte wohl anknüpfen, um für eine der brennendsten Fragen der Reichsverfassung eine Reihe von Sätzen zu prüfen, über welche auch unter politischen Freunden keine vollkommene Uebereinstimmung herrscht, über welche vielmehr manche Differenzpunkte, seit dem Ausbruch des Streits über das preußische Militairbudget im Herbst 1862, durch mehre Sessionen sich hindurchgezogen haben. Die verwandten Parteirichtungen haben sicherlich recht daran gethan, solche Differenzen zurückzustellen, so weit und so lange es sich darum handelte, das bestehende Verfassungsrecht zu vertheidigen. Diese Vertheidigung war von mehr als einem Standpunkt aus in ihrem Recht. Im gegenwärtigen Zeitpunkte aber, wo es sich darum handelt, eine Reihe der wichtigsten deutschen Verhältnisse durch dauernde Gesetze festzustellen, wird es nur im Interesse der Sache sein, solche Fragen, welche in Fractionen nicht genügend erörtert werden können, und welche in den öffentlichen Berathungen unter einer Fluth von Partei- und persönlichen Streitigkeiten untergehen, in einigen Zusammenhang zu besprechen. Wäre der Reichstag des norddeutschen Parlaments in der Lage, seine Entschließungen in ruhiger Erwägung zu fassen, so würde das Gutachten von Sachverständigen über Fragen von dieser staatsrechtlichen Bedeutung sogar erwünscht sein. In der heutigen Sturm- und Drangperiode wird es wenigstens zulässig erscheinen.

Da meine Argumentation zunächst von den parlamentarischen Einrichtungen Englands ausgeht, und da die Sturmeseile der

Verhandlungen nur dreimal 24 Stunden für die Niederschreibung dieser Zeilen gewährte, so blieb mir kaum eine andere Wahl, als der Kürze wegen einige Paragraphen aus dem zweiten Bande meines Englischen Verwaltungsrechts als Anlage abzudrucken. Ander Citate für diese speciellen Fragen aus der zugänglichen Literatur gibt es nicht. Die Anlage wird aber eine Vermuthung der Unbefangenheit für sich haben, da sie im Frühjahr 1866 gedruckt, in unmittelbarem Zusammenhang mit den früheren Bänden desselben Werks von 1863, 1860, 1857 steht. Beiläufig habe ich mir erlaubt auf frühere Kammerreden und Kammerberichte aus den Jahren des Verfassungsstreits zurückzuweisen, in welchen dieselben Fragen contradictorisch erörtert sind.

Möge die Eile der Niederschreibung manche Unvollkommenheiten der Form, hier und da auch der Sache entschuldigen. Der Ernst der Zeit wird jedenfalls eine Mahnung an unsere Zeitgenossen rechtfertigen, die Achtung vor dem Recht, an welcher es in Deutschland in den Gebieten des Privatrechts nicht fehlt, auf das Gebiet des öffentlichen Rechts übertragen zu wollen. Ohne diese Achtung vor Rechtsgrundsätzen werden unsere Parteibildungen, wie unsere Parteiprogramme haltlos, Parteistreit und Parteireden bloße Schöpfungen des Tages bleiben. Der Verlauf der Darstellung wird ergeben, daß das Verhältniß zwischen Budget und Gesetz nicht weniger bedeutet als den Scheideweg, der den sogenannten Constitutionalismus von dem „Rechtsstaat" scheidet.

(Berlin, am 14. April 1867.)

I.

Das Verhältniß von Budget und Gesetz nach englischem Recht.

Im dreizehnten Jahrhundert hat in England der Grundsatz des landständischen Steuerbewilligungsrechts seine Anerkennung gefunden, und noch mancherlei Verletzungen und Anfechtungen sich siegreich behauptet. Es lag darin aber noch keine geregelte Theilnahme der Stände an der Feststellung der Staatsausgaben. Die Verwendung der periodisch bewilligten „Subsidien" ebenso wie der dauernden erblichen Einkünfte der Krone erfolgte zu den Bedürfnissen des Hofhalts und Staats in bunter Vermengung unter persönlicher Anordnung des Königs. Von der Aufstellung eines jährlichen Wirthschaftsetats der Staatseinnahmen und Ausgaben sind auch am Schluß des englischen Mittelalters nur kleine Anfänge zu finden.

Seit 1666 trat dazu eine neue wichtige Beschränkung der Krone, vermöge deren das Unterhaus anfing, seinen Geldbewilligungen stehende Klauseln über die Verwendung hinzuzufügen. 1680 wurde bereits eine parlamentarische Anklage gegen einen Schatzmeister der Marine wegen Uebertretung dieser Klausel versucht. Nach der Revolution von 1688 wurde daraus eine parlamentarische Geschäftsmaxime. In der (ungedruckten) Subsidienbill vom 9. Dec. 1689 war zum ersten Mal die Verwendung gewisser Summen für die Kriegsmarine mit ausführlichen „Appropriationsklauseln" versehen, welche den Beamten bestimmte Strafen androhen für den Fall der Verwendung in anderer als der im Gesetz specificirten Weise. Diese Klausel lief dann durch die meisten Geldbewilligungsacten unter derselben Regierung hindurch. Die Specialisirung der Ausgabe-Etats war indessen noch sehr schwankend. Während des größeren Theils der Regierung der Königin Anna wurden die Gelder für Heer und Marine wieder in einem großen Pauschquantum bewilligt. Nach dem Frieden von Utrecht kehrte jedoch das Haus zu der früheren Weise zurück, die bewilligten Gelder nach bestimmten Titeln (votes) zu vertheilen. In den Jahren 1727 und 1734 wurde nochmals das ganze Jahresbudget als Pauschquantum bewilligt, was freilich im Oberhause einen motivirten Protest veranlaßte. Erst im Laufe des achtzehnten Jahrhunderts bildete sich das heute übliche Formular der Consolidated Fund Act. Die verschiedenen in einer Parlamentssession gemachten Bewilligungen wurden darin zusammengefaßt, und durch eine General-Appropriationsklausel ihre Verwendung nur bis zu dem bewilligten Gesammtbetrag, zu den bestimmten Zwecken, nach den specificirten Titeln (votes) genehmigt. Auch die lange Zeit unregelmäßige Praxis, für die im Laufe der Session bewilligten Ausgaben, interimistische Kredite (jetzt in Form von Exchequer bills) zu gewähren, hat erst sehr allmälig eine regelmäßigere Gestalt angenommen*).

Unverkennbar gewann das Unterhaus damit einen in früheren Jahrhunderten unbekannten Einfluß auf die laufende Ministerverwaltung, und dieser Einfluß wurde im 18. Jahrhundert gesteigert durch die gewaltig wachsenden Staatsanleihen. Das Finanzrecht des Unterhauses, zu welchem die mittelalterlichen Steuerbewilligungen nur die sehr unvollkommenen Anfänge enthalten, umfaßt nunmehr drei Punkte:

1. Das Recht der Zustimmung zu neuen Steuern, zur Erhöhung vorhandener Steuern, zur Erneuerung periodischer Steuern.
2. Die Zustimmung zu Staatsanleihen in jeder Gestalt.
3. Das Ausgabebewilligungsrecht, welches die der Regierung gewährten Mittel für den Dienst des nächsten Finanzjahres nach bestimmten Titeln vertheilt und appropriirt.

Man kann die Gesammtheit dieser Rechte als „Budgetrecht" bezeichnen, mit einem selbstgebildeten Wort, welches in den Verhandlungen der letzten Jahre häufig gebraucht worden ist.

Diese erst im 18. Jahrhundert consolidirten Parlamentsrechte standen nun aber neben dem noch gewaltigeren Gesetzgebungsrecht des „Königs im Parlament", an welchem das Unterhaus jetzt den hervorragendsten Antheil nahm. Subsidienbewilligung und Gesetzgebung waren seit dem 13. Jahrhundert in den meisten Parlamenten Hand in Hand gegangen. Der Subsidienbewilligung verdankte das Unterhaus seine Stellung als selbstständiger Staatskörper überhaupt, sein Zustimmungsrecht zu den Gesetzen insbesondere. Während es in den zwei ersten Menschenaltern nur eine berathende Stimme bei Gesetzesacten übte, ist im Laufe des 14. Jahrhundert, hauptsächlich durch das Gewicht der Geldbewilligungen, sein Mitbeschließungsrecht entstanden. Aus der Dreigliederung der gesetzgebenden Gewalt bildet sich nunmehr die constitutionelle Grundmaxime, nach welcher ein Parlamentsstatut nur durch Parlamentsstatut, nicht mehr durch Königliche Verordnung abgeändert werden kann. Dies Statutenrecht verschmilzt mit der durch Gerichtssprüche anerkannten Verwaltungspraxis des früheren Mittelalters (common law) zu einem Gesammtsystem des öffentlichen und Privatrechts, welches nunmehr die constitutional law bildet, für die es keiner besonderen Verfassungsurkunde bedurfte, da der Grundsatz, daß Gesetz und common law nur durch verfassungsmäßiges Gesetz abgeändert werden könne, sich durch die Praxis des Parlaments als Gewohnheitsrecht gebildet hat.

Durch die gewaltige Ausdehnung des Budgetrechts im 18. Jahrhundert entstand aber eine vielfache gegenseitige Berührung und Durchkreuzung der Geldbewilligungen mit dem allumfassenden Gebiet der parlamentarischen Gesetzgebung. Das Bewilligungsrecht enthielt auch das Ausgabeversagungsrecht; in dem Versagungsrecht lag unverkennbar die Möglichkeit, gesetzlich bestehende Institutionen

---

*) Ueber die Entstehung der Appropriationsclausel nach 17 Car. II. c. 1. §. 5. und des daraus folgenden Ausgabebewilligungsrechts siehe Hatsell Precedents (1818) Vol. III. 88. 100. 202 bis 217. Gneist Englisches Verwaltungsrecht Band I. 599. 600.

und Grundsätze außer Kraft zu setzen. Andererseits entstand die Möglichkeit, einer Geld-Bill auch positive Bedingungen und Klauseln anderer Art beizufügen, welche der Krone und dem Oberhause indirect aufgedrungen werden konnten. Collisionsfälle dieser Art waren um so häufiger, je entschiedener der Vorrang des Unterhauses in allen Geldbewilligungsfragen sich geltend gemacht, je weiter der Begriff der sogenannten Geldbills geworden war. Je mehr die **Sicherheit** und **Stetigkeit** des ganzen öffentlichen und Privatrechts auf einem stetigen Zusammenwirken von König, Oberhaus und Unterhaus beruhten, um so dringender wurde die Gefahr auf dem Wege der Geldbewilligungen die verfassungsmäßige Stellung der Krone und des Oberhauses praktisch bei Seite zu schieben. Diese Gefahr ist gleich bei ihrem Entstehen klar erkannt und durch folgende Grundsätze beseitigt.

I. **Der erste dieser Grundsätze ist: daß Einnahmen, welche der Krone (dem Staat) kraft Gesetzes, also unwiderruflich zustehen, überhaupt nicht Gegenstand einer budgetmäßigen Bewilligung sind, durch welche der Sache nach die dauernden Einnahmen des Staates in bloße Jahres-Einnahmen verwandelt würden.**

Diesen **dauernden** Charakter hat nun aber in allen normalen Zeiten der größere Theil der englischen Staatseinnahmen behauptet.

Vom 11. Jahrhundert an reichte die erbliche „Revenue des Königs" reichlich aus, die Bedürfnisse zu decken. Erst im 13. Jahrhundert entstanden die periodischen „Subsidien-Bewilligungen", aus welchen zunächst die Parlamentsverfassung hervorging. Als dann die erblichen Revenuen des Königs weiter schmolzen, die Staats-Bedürfnisse weiter wuchsen, half man durch lebenslängliche Bewilligungen an die Krone nach, um einen Zustand herzustellen, in welchem die dauernden Einkünfte den dauernden Staatsbedürfnissen nothdürftig genügten. Auch nach dem Bürgerkriege wurde mit der Restauration von 1660 dies Verhältniß wieder hergestellt. Erst nach der Revolution von 1688 war thatsächlich ein anomales Verhältniß entstanden, welches die Krone auch für die dringendsten laufenden Bedürfnisse des Staats von den jährlichen Bewilligungen des Parlaments abhängig machte. Allein im Verlauf des 18. Jahrhunderts, gerade auf dem Höhepunkte des parlamentarischen Regierungssystems, ist das normale Verhältniß wieder hergestellt dadurch, daß die bisher von Jahr zu Jahr bewilligten Steuern für permanent erklärt wurden. Die neuere Staats- und Volkswirthschaft forderte so entschieden die Basirung des Staatseinkommens auf permanente Gesetze, die reifere Form des Steuergesetzes trat so entschieden an die Stelle des rohen Systems der Subsidien-Bewilligungen, daß **alle historischen Hauptsteuern permanent geworden**, und in den heutigen Verhältnissen mehr als ⅚ der Staatseinnahmen der Krone (dem Staat) dauernd gesichert sind. Der bewegliche Theil der Staatseinnahmen beruht auf einigen wenigen neueingeführten oder durch gänzliche Umwandlung neugestalteten Steuern. In dem Etat von 1866, 29 et 30 Vict. c. 36, beschränkt sich die einjährige Bewilligung auf eine Einkommensteuer von 4 d. in the Pound (jährlich gegen 6,000,000 £.) und auf einen Theezoll von 6 d. auf das Pfund (4—5,000,000 £.), übereinstimmend mit der Bewilligung für das Finanzjahr 1865 in 28 et 20 Vict. c. 30.

Die „Bewilligung der Staatseinnahmen" Seitens des Unterhauses beschränkt sich hiernach auf seine Zustimmung zu den speciellen Finanzgesetzen, durch welche von Jahr zu Jahr diese 2 oder 3 beweglichen Steuern normirt werden. Die früher vereinzelten Gesetze werden seit 1861 in ein Gesetz zusammengefaßt. Dies jährliche Gesetz über die „Inland Revenue" steht an der Stelle der Feststellung des Einnahme-Budgets in den continentalen Verfassungen.

Zu allen Zeiten unbekannt dagegen war dem englischen Parlament eine jährliche Feststellung der gesammten Staatseinnahme auf ein Conto. Die Einkünfte der Domänen und Forsten, die Einkünfte aus den Zoll- und Accisegesetzen, aus Grundsteuern und Assessed Taxes können, da sie durch perpetuirliche Gesetze (und common law) dem Staat übereignet sind, nicht noch als eine Jahresbewilligung der Krone übereignet werden. Ein solches Verfahren würde schon privatrechtlich einen Widerspruch enthalten; noch direkter widerstreitet es dem Staatsgrundgesetz, nach welchem Gesetze nur durch Gesetze abgeändert werden dürfen. Hätte das Parlament diese Einnahmen alljährlich zu bewilligen, so könnte es solche auch verweigern. Die Verweigerung würde enthalten eine Suspension und Außerkraftsetzung bestehender Landesgesetze, welche dem Unterhause sowenig zusteht, wie der Krone. Nachdem ein rechtswidriger Versuch zu diesem Verfahren die Revolution von 1688 hervorgerufen, hat die Krone ihrerseits auf ein einseitiges Recht der Art ausdrücklich verzichtet in der Bill der Rechte:

> Artikel 1. 2.: Daß die angebliche Gewalt, Gesetze oder die Ausführung von Gesetzen zu suspendiren oder davon zu dispensiren, kraft königlicher Autorität, ohne Zustimmung des Parlaments, wider das Gesetz ist.

Das Parlament konnte die Krone nicht binden, ohne sich selbst an den verfassungsmäßigen Gang der Gesetzgebung zu binden. Die Hauptfrage über die Möglichkeit einer Verweigerung von gesetzlich feststehenden Einnahmen Seitens des Unterhauses konnte hienach in England gar nicht aufgeworfen werden. Sie war grundsätzlich ausgeschlossen durch den obersten Grundsatz der constitutional law. Sie war practisch ausgeschlossen dadurch, daß von Alters her ein Verfahren, durch welches dem Parlament das Gesammtconto der Staatseinnahmen vorzulegen gewesen wäre, gar nicht bestand. Die Einführung der Appropriationsclausel in die jährlichen Bewilligungen änderte darin nichts, da dieselbe sich nur auf Specialisirung der Ausgaben nach Titeln bezog.

Unvermeidlich aber war die Versuchung auf dem Gebiet der einzelnen Finanzgesetze, in welchen der Form und Sache nach das Unterhaus prädominirt. Die Geldbills sind zwar keine einseitigen Bewilligungen, das Unterhaus ist vielmehr dabei an die Vorschläge der Krone gebunden. Es darf weniger bewilligen als die Krone fordert, aber nicht mehr; denn nach alter staatswirthschaftlicher Maxime soll stets das minus gelten, wo es sich um Belastung des Volkes handelt. Naturgemäß aber ist in diesem Verhältniß die verneinende Stimme die stärkere. Die Wirkung der Verneinung ist eine sehr verschiedene bei Geldbills und bei Gesetzentwürfen. Wird ein Gesetzentwurf abgelehnt, so bleibt es einfach beim alten Recht; wird eine Geldbill abgelehnt, so fehlt es an dem nothwendigen Gelde. Im Zusammenhang mit dieser sachlichen Verschiedenheit steht es, daß Geldbills eine verschiedene Initiative und Behandlungsweise, andere Grundsätze und Formulare haben als die Gesetzentwürfe. Allerdings ist auch zu Geldbills die Zustimmung des Oberhauses nothwendig. Allein das Unterhaus vermöge seiner prädominirenden Stellung duldete von Alters her bei Geldbills keine materiellen Zusätze. Sachlich im Oberhause amendirte Bills der Art werden vom Unterhause grundsätzlich verworfen. So bleibt also in der großen Mehrzahl der Fälle dem Oberhause nur die Wahl, den Geldbills ohne Vorbehalt zuzustimmen, wenn der zeitigen Staatsverwaltung nicht eine nothwendige Einnahmequelle vorenthalten werden soll.

Die herrschende Stellung, deren sich das Unterhaus an dieser Stelle frühzeitig bewußt wurde, führte unwiderstehlich zu der Versuchung, die Geldbills mit anderen Klauseln zu bepacken (tacking), und auf diesem Wege Oberhaus und Krone zu nöthigen, Gesetzentwürfe in solcher Begleitung anzunehmen. Diesem Mißbrauch ist nun aber gleich bei seinem Entstehen das Haus der Lords entgegengetreten durch die Praxis, jede bepackte Geldbill (tacked bill) kurzweg zu verwerfen. Und an dieser concreten Stelle kommen, wie gewöhnlich, in englischem Staatsrecht die leitenden Grundsätze zur Sprache.

Schon am 11. November 1675 erinnerte Sir Georg Downing das Unterhaus an die Folgen einer Verbindung von Geldbills mit Gesetzesklauseln: „Dinge dieser Art ändern die Regierungsweise. Des Königs Antwort auf eine Geldbill hat ihre bestimmte Wortform; für einen Gesetzentwurf ist die Form eine verschiedene. Welche Antwort soll der König auf diese Bill geben? Der König müßte zwei Antworten auf diese eine Bill geben, welche zweierlei verschiedene Naturen haben würden. Des Königs Entschließung muß bei Annahme von Gesetzentwürfen ebenso frei sein, wie die unsrige; und es ist zum Wohl des Königreichs, daß es so sein soll."

Nochmals am 5. März 1676 erinnert Sir George Downing: „Die rechtmäßige Gewalt der Krone ist ebenso nothwendig wie das Bestehen des Hauses der Gemeinen. Ich denke das Bepacken von Bills ist von den denkbar verderblichen Folgen, und ich bitte daß zu dieser Bill kein tacking stattfinde".

Am 23. Mai 1678 sagt der Lordkanzler Finch: „Der jüngst betretene Weg, verschiedene selbstständige und unzusammenhängende Materien in eine Bill zusammenzupacken, scheint die ganze Anlage und Constitution der Parlamente zu ändern, und folgeweise die Regierungsweise selbst. Es nimmt indirect des Königs negative Stimme weg, und nöthigt ihn entweder Alles zu nehmen oder Nichts; während manchmal ein Theil der Bill ebenso gefährlich sein kann für das Königreich, wie der andere nothwendig. Es nimmt die negative Stimme des Hauses der Pairs hinweg durch dieselbe Consequenz, und entkleidet die Lords ihrer verfassungsmässigen Gewalten. — Es giebt schließlich dem Unterhaus den größten Antheil an der Gesetzgebung und folgeweise die entscheidende Gewalt zu beurtheilen, welche Gesetze für das Königreich die besten sind".

Am 1. Juli 1698 erscheint ein Protest mehrer Lords gegen eine Geldbill mit einer Klausel über den ostindischen Handel, als eine „offene Verletzung der Rechte dieses Hauses und auf eine Aenderung in der Verfassung der Regierung zielend".

In dem Journal des Oberhauses vom 4. Mai 1699 wird bemerkt: „Daß wenn die Gemeinen in eine Bill, welche dem König Geld bewilligt, eine Klausel einfügen wollte, welche gänzlich fremd der Bewilligung oder Aufbringung jenes Geldes wäre, das Oberhaus gänzlich außer Stand sein würde, solche Klausel zu ändern, oder gänzlich hinwegzulassen".

Am 4. April 1700 erläßt das Oberhaus einen Protest: „weil das Beipacken von so vielen und verschiedenen Gegenständen zu einer Geldbill nicht bloß allen Regeln und Maximen des Parlaments entgegen, sondern höchst gefährlich ist, sowohl für die unzweifelhafte Prärogative der Krone, als wie für die Rechte der Lords; indem es in die Gewalt des Unterhauses gestellt wird, beliebig seine einseitigen Beschlüsse ebenso unabweisbar zu machen, wie eine Geldbewilligung für die Erhaltung oder die dringenden Bedürfnisse des Staates".

Am 9. Dezember 1702 und 28. März 1707 erscheint eine standing order des Oberhauses gegen das tacking als „unparlamentarisch und auf die Zerstörung der Verfassung abzielend."

Hatsell, Precedents III. 221. bemerkt zu diesen und anderen Vorgängen: „Ueberall wo diese Maßregel der Bepackung einer Geldbill von dem Unterhause versucht ist mit einer Intention, dadurch die Krone oder die Lords zu zwingen, ihre Zustimmung zu einer Bill zu geben, welche sie sonst wahrscheinlich verworfen haben würden, ist dies in hohem Maße verwerflich, und ein Bruch jener parlamentarischen Regeln und Ordnungen, die durch lange und gleichförmige Uebung zwischen den beiden Häusern bei der Annahme von Gesetzentwürfen festgestellt sind.... Geschieht es aber gar, wo es bekannt ist, daß einer der eingeschobenen Bestandtheile der Bill der Krone oder den Lords unannehmbar sein wird, so ist es ein höchst gefährliches und unconstitutionelles Verfahren. Es heißt das dem Oberhaus die Ausübung seines verfassungsmäßigen Rechtes versagen, welches dahin geht, seine Zustimmung zu einem Gesetzentwurf zu versagen, ohne gleichzeitig gezwungen zu sein, die Geldbewilligung zu verwerfen, die das Staatsbedürfniß verlangt, und die es zu bewilligen bereit und willens ist".

Nachdem die Gefahr Gesetze durch Geldbewilligungen zu ändern so durch die Praxis im Einzelnen genügend erkannt war, konnte das Unterhaus nicht daran denken, eine allgemeine jährliche Beschließung über den Einnahme-Etat des Staats einzuführen, aus welcher sofort ein unabsehbares Repertorium von tacking clauses geworden wäre. Noch deutlicher sprach dagegen der ganze Gang der englischen Gesetzgebung. Noch niemals war im Laufe der englischen Geschichte eine gesetzlich permanente „Revenue des Königs" durch Parlamentsbeschluß in eine Jahresrevenue verwandelt worden. Umgekehrt waren die jährlich bewilligten Steuern, eine nach der andern, und zuletzt alle, in permanente Steuern verwandelt worden. Wie konnte das Unterhaus daran denken, durch eine Budgetoperation alle diese Gesetzesbeschlüsse rückgängig zu machen, und in der Form einer jährliche Bewilligung zur Vereinnahmung die dauernde Revenue des Staats wieder in eine einjährige Revenue zu verwandeln? Eine spitze Deduktion, welche dies Wesen der Sache zu leugnen versucht hätte, konnte auf keinen Erfolg rechnen in einem Lande, in welchem Reichsgerichte und Oberhaus über die Auslegung des öffentlichen Rechts entscheiden.

II. Der zweite Hauptgrundsatz, welcher den Widerspruch zwischen Geldbeschlüssen und Gesetzen fern hält, ist, daß Ausgaben, welche dem Betrage nach gesetzlich feststehen, nicht Gegenstand einer budgetmäßigen Bewilligung werden.

Der Grund ist nochmals der oben angegebene. Wäre das Unterhaus in der Lage, diese Ausgaben zu „bewilligen", so würde es solche auch verweigern können. Die Verweigerung würde aber zu einer Außerkraftsetzung gesetzlich bestehender Grundsätze und Einrichtungen führen, zu welcher das Unterhaus einseitig ebenso wenig befugt sein kann, wie die Krone solche einseitig durch Verordnung außer Kraft setzen darf.

Wie die Einnahmen des Staats, so zerfallen auch die Ausgaben in einen festen und in einen beweglichen Bestandtheil. Die festen Ausgaben sind diejenigen, welche von Altersher auf die dauernden Revenuen der Krone angewiesen, kein Gegenstand parlamentarischer Einwirkung wurden. Die beweglichen Ausgaben sind diejenigen, welche seit Durchführung des Ausgabebewilligungsrechts durch die Appropriationsklausel Gegenstand der parlamentarischen Abmessung wurden. Mit dem Wachsen der Staatsausgaben fielen die neu entstandenen natürlich größten Theils in das letztere Gebiet; ohne die anwachsende Staatsschuld würde die bewegliche Ausgabe die bei weitem überwiegende Masse gebildet haben. In vielen Fällen wurden indessen auch noch andere Ausgaben wieder gesetzlich fixirt und dadurch parlamentarischer Budgetbewilligung entzogen. Diese Abgrenzung beruht aber nicht auf irgend einem abstracten Grundsatz, sondern auf den vorgefundenen Rechtsverhältnissen und auf der Natur der Staatsbedürfnisse. Sie gestaltet sich daher sehr verschieden in den einzelnen Gebieten der Staatshoheit.

In den auswärtigen Verhältnissen stand der Krone von Alters her das Recht zu, die Nation zu repräsentiren. Dem entsprechend ist der ganze Etat der Botschafter, Gesandten und diplomatischen Agenten auf dem festen Conto der Krone geblieben, unabhängig von parlamentarischer Bewilligung. Andererseits bilden die Büreaukosten der Gesandtschaften und das ganze Consulatswesen neuere Einrichtungen, welche durch Parlamentsbewilligungen entstanden und erweitert, der Budgetbewilligung unterliegen. Dieser freien Bewilligung correspondirt dann aber wieder ein weitgehendes Verordnungs- und Regulativrecht der Krone, welches ungebunden durch Gesetz das ganze Bureauwesen, die Etats, die Amtsgeschäfte der Konsuln regelt*).

Im Gebiete der Militärverwaltung wird nur der Friedenspräsenzstand des stehenden Heeres durch Gesetz fixirt (Mutiny Act), die Feststellung des Bedürfnisses (unter Zugrundelegung dieser Zahl) durch budgetmäßige Beschließung. Bei dem Uebergang aus der Revolution in die neuere Zeit wurde aber die Mutiny Act selbst zu einem jährlich wechselnden Ausnahmsgesetz. In der Kriegsmarine entsprach ein jährlich außerordentlich wechselnder Bestand dem Bedürfniß der bewaff-

---

*) s. Englisches Verwaltungsrecht Band II. §. 79. Ueber den ungeheueren Umfang des Verordnungs- und Regulativrechts, welches aus Blackstone nicht ersichtlich, also für die constitutionellen Theorieen bisher nicht vorhanden war, s. das Register v. Regulativgewalten.

neten Macht selbst. Das Parlament war nach 1688 in der Lage, diese Gesammtmassen neu zu bewilligen. Der Budgetbewilligung correspondirt aber wiederum ein sehr weitgehendes Verordnungs- und Regulativrecht der Krone, welches die Offiziieretats und die ganze innere Formation der Armee und Flotte bestimmt.*)

Im dem Gebiet der Finanzverwaltung bestand von Alters her das Schatzamt, Exchequer, mit einem Personal und Amtseinrichtungen, welche größten Theils gesetzlich (durch common law) fixirt, und dadurch parlamentarischer Budgetbeschließungen entzogen waren. Im Anschluß daran entzog man auch das Personal der neueren Finanz- und Steuerverwaltung dem parlamentarischen Budget. Dies Personal, welches die größere Hälfte des ganzen Civilbeamtenthums ausmachte, blieb auf die Brutto-Einnahme der Steuern angewiesen nach Regulativen der Krone. Erst in neuster Zeit wurde dieser Theil des Staatsdienstes in die Budgetbewilligungen gezogen und nunmehr die Brutto-Einnahme dem Parlament berechnet. Diese Erweiterung datirt aber erst seit dem Jahre 1854 durch 17 et 18 Vict. §. 94.**)

Im Gebiet der inneren Verwaltung standen nur sehr wenige alte Aemter auf dem festen Conto der Kron-Einnahmen. Die große Masse der Beamten bildete sich durch Ehrenämter des Selfgovernment; das neugebildete besoldete Staats-Beamtenthum aber beruhte durchgängig auf neueren parlamentarischen Bewilligungen, unterlag daher der Budgetbeschließung, welcher wiederum ein weit ausgedehntes Regulativrecht der Krone für alle inneren Amtseinrichtungen correspondirt***).

Im Gebiet der Gerichtsverwaltung standen die Richtergehalte von Altersher auf dem festen Conto der Kroneinnahme und sind auch heute von der parlamentarischen Bewilligung ausgeschieden. Die dabei noch vorkommenden Anomalien sind durch 17 et 18 Vict. c. 94 beseitigt. Ebenso scheiden die Büreaukosten der Gerichte größten Theils von der Parlaments-Bewilligung aus, indem sie unter Regulativen der Gerichtshöfe meistentheils auf die Sportelfonds angewiesen sind. Nur die darüber hinausgehenden Bestandtheile des Justizetats sind Gegenstand der Budgetbeschließung.†)

Bei dieser Lage der Dinge konnte in England niemals ein Generalconto der Staatsausgaben dem Parlament zur Beschließung vorgelegt werden. Es handelte sich vielmehr von Anfang an ebenso wie heute nur um die beweglichen Ausgaben, welche in Gestalt der Voranschläge, Estimates, dem Unterhause zunächst zur Beschließung vorgelegt werden. Sie bilden jetzt vier Hauptgruppen in ungefähr proportionirlichem Verhältniß:

1) Die Voranschläge für das Heer, Army Estimates (=14,340,000 £ pro 1866/67).
2) Die Voranschläge für die Kriegsmarine, Navy Estimates (= 10,434,735 £ pro 1866/67).

---

*) Engl. Verwaltungsrecht Band II, §. 86—103.
**) Engl. Verwaltungsrecht Band II. §. 59—71.
***) Engl. Verwaltungsrecht Band II. §§. 73—78, 104—107, 113—117.
†) Engl. Verwaltungsrecht Bd. II. §§. 118 — 134.

3) Die Voranschläge für den Civildienst, Civil Services Estimates (= 7,998,456 £ pro 1866/67).

4) Die Voranschläge über den Finanzverwaltungsdienst, Revenue Departements (= 5,017,698 £ pro 1866/67).

Die letztere Masse ist erst durch die Erweiterung des Budgetrechts seit 1854 hinzugetreten. Alle Estimates erstrecken sich nur auf die Ausgaben des Staats, nicht auf die Einnahmen. Alle erstrecken sich nur auf die beweglichen Ausgaben, nicht auf die gesetzlich feststehenden Posten, welche das Parlament nur im Gange der ordentlichen Gesetzgebung mit freier Zustimmung der beiden anderen Faktoren der Gesetzgebung zu ändern vermag. Die ganze Masse der festen Ausgaben — durchschnittlich etwas über 30 Mill £ jährlich — bleibt also von der Berathung über die jährlichen Voranschläge ausgeschieden, gehört vielmehr zu dem Gebiet der Verwaltung des Staatsschatzes, Consolidated Fund. Die durch Gesetz ein für allemal angewiesenen Ausgaben, Staatsschuldenzinsen, Richtergehalte zc werden auf Anweisung des Finanzministers gezahlt, welche der Gegenzeichnung des General-Controleurs des Schatzes bedürfen, eines unabsetzbaren Beamten in richterlicher Stellung. Im Fall der verweigerten Gegenzeichnung des General-Controleurs entscheidet das Reichsgericht, ob die verlangte Ausgabe eine gesetzmäßige ist.*)

III. Als Gesammtresultat ergibt sich, daß den Gegenstand des Budgetrechts und Budgetbewilligung nur der bewegliche Theil der Staatsausgaben und der bewegliche Bruchtheil der Staatseinnahmen bildet.

Dieser Begrenzung des Bewilligungsrechts entspricht die Begrenzung des Versagungsrechts. Das Steuer-Verweigerungsrecht der englischen Verfassung besteht in doppelter Gestalt:

1) als Steuer-Verweigerungsrecht eines jeden einzelnen Steuerzahlers wegen solcher Steuern, die nicht durch Parlamentsakte, sondern etwa durch königliche Verordnung auferlegt werden sollten. Dies war der welthistorische Fall des Schiffsgeldes, der Steuerverweigerung des Sir John Hampden. Die Berufung auf den Rechtsweg, in welchem die Instanz-Gerichte über die Verfassungsmäßigkeit einer jeden Steuer zu entscheiden haben, besteht seit Jahrhunderten. Die Steuerverweigerungen, welche zur Zeit der Reformbill vorgekommen sind, würden aber, wenn sie zum Austrag gekommen wären, in England ebenso

*) Vergl. die Anlage §. 68a. Die Denkschrift des Finanzministers von 1857 sagt: The principle of not subjecting to the uncertainty of an annual vote the provision for the security of the public creditor, the dignity of the Crown, the annuities to the Royal Family, and those granted for distinguished public services, the salaries of judges and other officers in whose official character independence is an essential element, compensations for rights surrendered, and like charges, although it may have been carried too far, is one the soundness of which is generally admitted. Out of an ordinary peace expenditure, amounting to 56,000,000 £ gross, these permanent charges, not voted, amount to about 28,000,000 £. Parl P. 1857. sess. 2. App. I. pag. 26.

unfehlbar zur gerichtlichen Exekution geführt haben, wie in Deutschland zur Verwaltungs-Exekution*).

2) als Steuer-Verweigerungsrecht des Unterhauses. Es besteht in der unzweifelhaften Befugniß, jede neue Steuer zu versagen, jeder Verlängerung einer periodischen Steuer zu widersprechen, jeder Erhöhung oder Abänderung bestehender Steuern zu verneinen, und in dem beweglichen Theil der Staatsausgaben die von der Regierung geforderten Beträge im Einzelnen abzusetzen oder zu streichen.

Dies reale Steuer-Verweigerungsrecht wird von Jahr zu Jahr geübt, und nöthigt jedes Ministerium zu einem rücksichtsvollen Vernehmen mit der Majorität des Unterhauses, erscheint aber selten in Eclat machenden Beschlüssen, da die Differenzen meistens schon durch Partei-Verhandlungen erledigt sind, ehe die Finanzgesetze und Voranschläge zur öffentlichen Verhandlung kommen. Der Form nach würde das Unterhaus sogar die Befugniß haben, die ganze Consolidated Fund Bill oder Appropriations-Acte zu verwerfen. In dieser Acte werden schließlich die Resultate des beweglichen Staatshaushalts zusammengefaßt, als Resumé der genehmigten Finanzgesetze und der bewilligten Voranschläge des nächsten Finanzjahres, mit Beifügung der Generalclausel (appropriation clause) wegen Innehaltung der einzelnen Ausgabetitel. Sie bildet die Generalvollmacht der Finanz-Verwaltung für das nächste Finanzjahr. Da aber die Specialvollmachten bereits ertheilt sind, aus denen sich diese Generalvollmacht zusammensetzt, da das Unterhaus die Finanzgesetze, auf die es ankommt, schon beschlossen, die Estimates schon geprüft und genehmigt hat, so enthielte die Verwerfung der Appropriationsbill einen Widerspruch des Unterhauses mit sich selbst.**) Eine Verwerfung der Appropriationsbill ist daher zuweilen von Einzelrednern gedroht, aber nie erfolgt. Man citirt gewöhnlich den Hergang von 1784 als den einzig vorgekommenen Fall (May Verfassungsge-

---

*) Engl. Verwaltungsrecht Bd. II. §. 62.

**) Die Appropriationsbill enthält allerdings eine Ermächtigungsclausel, die vorhandenen Ueberschüsse des consolidirten Fonds zu den bewilligten Ausgaben des Finanzjahres zu verwenden, über deren Bedeutung sich die Denkschrift des Finanzministers Parl P. 1857. Sess. 2. App. 1. pag. 30. ausspricht, sowie die Zeugen-Aussagen aus dem Finanz-Ministerium und d r General-Controlle Parl P. 1856. IX. S. 130. 262. 321. 678. bis 681. Diese Clausel entstand daraus, daß das Parlament immer noch in der Lage alljährlich ein neues Einkommen der Krone zu bewilligen. Diese Neubewillignng konnte rechtlich an die Bedingung geknüpft werden, daß die Gesammtausgabe nicht überschreite den Gesammtbetrag der gesetzlich feststehenden und der für dieses Jahr bewilligten Ausgaben. Die Denkschrift S. 30 drückt dies so aus: In all this formal routine there is no check whatever upon the Government, save and except that which has been already pointed out, namely, that an issue in excess of the ways and means placed at the disposal of the Treasury by Parliament cannot take place. Es handelt sich hier um eine Controllmaßregel für die Verwaltung des Staatsschatzes, welche etwas ganz Anderes bedeutet, als die jährliche „Feststellung des ganzen Einnahme-Etats“ in der belgischen Verfassung.

schichte, Uebers. Band I. S. 51—63). Allein auch bei diesem Vorgang handelt es sich

1) nicht um eine Verweigerung, sondern nur um eine versuchte Verschiebung der Schlußfeststellung des Staatshaushalts, durch welche die Krone verhindert werden sollte, die beabsichtigte Auflösung des Unterhauses vorzunehmen.
2) Die damals gefaßten Resolutionen des Unterhauses beanspruchen keine Befugniß, gesetzliche Einnahmen oder Ausgaben zu verweigern; sondern sie bezogen sich auf die damals noch periodische Grundsteuer und Malzsteuer, deren Verwendung (Appropriation) für die votirten Bedürfnisse der Armee und Marine noch nicht beschlossen war. Hatsell, Precedents III. 206.
3) Auch in dieser formell nicht unberechtigten Weise wurde das Verfahren des Unterhauses durch die Neuwahlen zum Parlament in stärkstem Maße desavouirt.

Der Grund des Nichtgebrauchs der Befugniß das ganzen Etatsgesetz abzulehnen, liegt darin, daß jede bestimmungswidrige Ausübung der Volksrechte ebenso wirkungslos bleibt, wie die bestimmungswidrige Ausübung der Rechte der Krone. Die Budgetberathungen sind dazu bestimmt, die öconomische Gestaltung der Staatsausgaben und die sparsame Bewilligung der beweglichen Jahressteuern durch Verhandlungen mit dem Ministerium herbeizuführen. Sie sind aber nicht dazu bestimmt, eine Generalvollmacht zu bilden, vermöge deren das Unterhaus von Jahr zu Jahr die Befugniß zur Führung der Staatsgeschäfte nach freiem Ermessen zu ertheilen oder zu versagen hätte. Die Opposition kann nur durch sachlichen Widerspruch gegen Gesetzentwürfe und Maßregeln ein Ministerium zum Rücktritt veranlassen, wodurch sie selbst eine Verpflichtung zur Durchführung ihrer Grundsätze übernimmt. Die Beseitigung eines Ministeriums aber durch Verweigerung eines bloßes Formalakts hieße die bestehende Verwaltung einer grundsatzlosen Opposition opfern.

Sollte es in Zukunft wirklich einmal in England dahin kommen, daß ein ganzes Etatsgesetz vom Unterhause verworfen würde, so würde trotz dieser Verwerfung daß Finanzministerium die gesetzlich feststehenden Einnahmen mit beinahe 60,000,000 £, die gesetzlich feststehenden Ausgaben mit pr. pr. 30,000,000 £ ungehindert fortführen können, 4 et 5 Will IV. c. 15 (vgl. Anlage §. 68 a.). Bedeutungslos ist deswegen das formelle Verwerfungsrecht des ganzen Etatsgesetzes nicht, so wenig wie die „ruhenden" Gewalten der Krone bedeutungslos sind; es gewinnt aber seine stille Bedeutung eben nur dadurch, daß es rechtlich so beschränkt ist, um rechtlich möglich zu sein.

Die weiterverbreitete Vorstellung, als ob das englische Budgetrecht auf einer Befugniß beruhe, der Staatsregierung alle Einnahmen und alle Ausgaben Jahr für Jahr zu bewilligen oder zu versagen, beruht demnach auf Unkenntniß der dortigen Rechtsverhältnisse und Verwaltungseinrichtungen. Man darf sich für die Weisheit einer solchen Einrichtung nicht auf die Jahrhunderte alten Erfahrungen und die erprobte Lebensfähigkeit der englichen Verfassung berufen, welche vielmehr das Gegentheil sagt. Abweichenden Theorien haben aber allerdings einen bestimmenden Einfluß auf die Verfassungen des Continents geübt.

II.

Die französisch-belgischen Verfassungsartikel über das Staatsbudget

beruhen nicht sowohl auf einer Nachbildung der englischen Verfassung, als auf einzelnen Sätzen, welche aus Blackstone, Montesquieu und De Lolme als „englische" Staatseinrichtungen bekannt, und zu einem Gemeingut der gebildeten Welt geworden waren. Die so verbreiteten Meinungen waren nicht sowohl positiv unrichtig als unvollständig, und daher zu Schlußfolgerungen ungeeignet. Was in den Schriften jener Zwischenträger des konstitutionellen Staatsrechts nicht zu finden war, wurde durch stillschweigende Uebereinkunft als nicht vorhanden angenommen.

Da das englische Verwaltungsrecht aus jenen Autoritäten nicht ersichtlich war, so nahm man von dem Dasein einer durch Tausende von Gesetzen geregelten Staatsverwaltung neben dem Parlament keine Kenntniß.

Da das System des Selfgovernment aus Blackstone nicht zu entnehmen war, so blieb dasselbe in vollständigem Dunkel, was freilich nur dazu beitrug, eine ungemessene Hochachtung und allgemeine Uebereinstimmung über die Vortrefflichkeit dieses Systems in Europa zu verbreiten.

Der Scharfsinn, die Gelehrsamkeit, der Fleiß und Eifer der Politiker und der Parteien hätte sicherlich ausgereicht, sich mit den Staatseinrichtungen jenes merkwürdigen Landes bekannt zu machen, wenn man dies gewollt hätte. Allein es kam den Theilnehmern an dem konstitutionellen Streit nicht sowohl auf die Verhältnisse Englands, als auf die Verhältnisse und Bedürfnisse ihres eigenen Landes und ihre eigenen Forderungen, Bedürfnisse, Ideale an. Und dafür waren die halb wiedergegebenen, halb mißverstandenen englischen Sätze viel geeigneter, als die wirklichen Verhältnisse.

Man wollte auf kürzestem und wenigst mühevollem Wege den Völkern des Kontinents die unverjährbaren Rechte der politischen und persönlichen Freiheit zurückgeben, den verschiedenen Klassen der Gesellschaft einen wirksamen Einfluß auf den Gang der Staatsregierung verschaffen.

Der kürzeste Weg dazu war, die Besetzung der Ministerien und den Gang der Ministerialverwaltung unmittelbar von der Mehrheit einer gewählten Volksvertretung abhängig zu machen.

Das einfachste Mittel dazu war eine Einrichtung, vermöge deren die Volksvertretung von Jahr zu Jahr alle Einnahmen und alle Ausgaben des Staats zu bewilligen oder zu versagen hat. Die Wirksamkeit dieses Mittels war so einleuchtend, daß es mit überwältigender Ueberzeugungskraft zu einer gemeinsamen Theorie wurde.

Daß ein solches Verhältniß in England wirklich bestehe, war (mit den nöthigen Weglassungen) aus Blackstone, Montesquieu und De Lolme wirklich zu entnehmen. Daß es vereinbar sei mit einer Verwaltung nach Gesetzen, daß diese Verwaltung nach Gesetzen das Wesen der constitutionellen Regierung bilde, daß das System des englischen Ministerwechsels nur neue Richtungen der Gesetzgebung und der auswärtigen Politik bedeute, konnte keine Zweifel erregen. Denn der Gedanke einer Staatsregierung nach Gesetzen wird den im Absolutismus erzogenen Völkern fremd. Weder Regierende noch Regierte, weder Beamte noch Volk, weder starke noch schwache Klassen sind nach den Gewöhnungen des Absolutismus geneigt, sich selbst gesetzlich bindende Schranken aufzulegen. Unter Gesetz verstehen sie nur eine bindende Macht für den Gegner; unter Ministerverantwortlichkeit nicht die Pflicht der Staatsdiener, die Gesetze ausführen, sondern eine Pflicht der Minister Kammerbeschlüsse auszuführen. Alle „Achtung vor dem Gesetz" beschränkt sich auf den gewohnten Wirkungskreis der Gerichte; das ganze öffentliche Recht geht in den Gedanken einer „Verwaltung" nach Grundsätzen des öffentlichen Wohls auf. Die Rechtscontinuität des Staats geht im Volksbewußtsein unter; denn eine Mitverantwortlichkeit für den Staat fühlt im absoluten Staate Niemand. Die Verfassungsanfänge sind daher, überall ziemlich gleich: Constituanten, allgemeines Stimmrecht, allgemeines Budgetrecht u. s. w. Die Achtung vor dem Recht findet sich erst langsam; sie entwickelt sich erst aus Verfassungsstreiten mit den Erfahrungen über ihre Folgen. Die nationalen Verschiedenheiten treten erst mit der praktischen Fortbildung der Gesetzgebung ein.

Bei den romanischen Völkern haben bisher weder Regierende noch Regierte, noch politische Parteien, wenn sie eine Zeit lang in den Besitz der Staatsgewalt gelangten, je daran gedacht, die Ausübung der Staatsgewalten an ein zusammenhängendes System von Gesetzen zu binden, welches der parlamentarischen Regierung in England ihren „constitutionellen" Charakter giebt.

Am stärksten trat diese Grundrichtung in Frankreich auf, nachdem unter furchtbarer Zerrüttung die alte Staats- und Gesellschaftsordnung gleichzeitig zusammengebrochen war. Die ersten französischen Verfassungen waren überhaupt nur Scheinverfassungen, in denen die vollziehende Gewalt nicht durch Gesetze, sondern durch ein Vertrauens-Votum der zeitigen Volksvertretung eingesetzt und erhalten wurde, bis dies Vertrauens-Votum einem Erwählten des Volkes zufiel.

Nach dem Sturze Napoleons fand sich aber auch Ludwig XVIII. den Vorstellungen seines Volkes gegenüber in die Nothwendigkeit versetzt, auf die Continuität der Staatsgewalt zu verzichten, und sich alle Steuern nur auf einzelne Jahre bewilligen zu lassen (Verfassung vom 4. Juni 1814, § 9.). Er konnte sich nicht darauf berufen, daß seine Vorfahren diese Steuern rechtmäßig und dauernd besessen. Er mußte eine solche Wahlcapitulation annehmen, obwohl sich alsbald erwies, daß daraus keine constitutionelle Regierung nach Gesetzen, sondern nur eine Staatsverwaltung zum Besten der 80,000 Höchstbesteuerten hervorging.

Louis Philipp mußte dieselbe Wahlcapitulation mit jahresweise bewilligten Steuern eingehen, und erst ein zweiter practischer Versuch hat das französische Volk überzeugt, daß eine Ministerverwaltung mit diesem Administrativsystem und in dieser Abhängigkeit von der zweiten Kammer nur eine Ausbeutung der Staatsverwaltung zum Besten der Capitalmacht, nicht aber eine constitutionelle Verfassung darstellt.

Derselben Wahlcapitulation mit einjährigen Steuerbewilligungen mußte sich König Leopold bei Annahme der belgischen Krone unterwerfen.

Der Bruch der bestehenden Staatsordnung hat in diesen Staaten die Monarchen gezwungen, Bedingungen anzunehmen, welche das englische Volk seinen Monarchen nach der Hinrichtung Carl's I. und nach der Vertreibung Jacob's II. nicht einmal anzubieten gewagt hat. Der Grund des Unterschiedes lag sicherlich nur darin, daß man jenseits des Canals die Tragweite des Grundsatzes hinreichend kannte, und daß man eine Regierung nach Gesetzen mit festem Willen erstrebte; während es diesseits an beiden Voraussetzungen fehlte.

Wie aber unsere westlichen Nachbaren in einem geeigneten Zeitpunkt die Macht fanden, ihre Staatsgewalt auf eine temporäre Einnahme zu setzen, so fand sich dafür auch die naheliegende Geschäftsform. Es bestand in den continentalen Staaten die löbliche Sitte, einen Finanzplan des nächsten Jahres in Form eines Generalconto der Einnahmen und Ausgaben alljährlich aufzustellen, welcher sich leicht verbinden ließ mit der vermeintlich constitutionellen Maxime, „alle Einnahmen und alle Ausgaben" stets neu zu bewilligen. Man brauchte nur die große Staatsrechnung mit ihren Activis und Passivis zum Gegenstand der Beschließung in Gesetzesform zu machen, und die constitutionelle Theorie war verwirklicht, anscheinend vollkommener als in England. So entstanden die Artikel der belgischen Verfassung über das Staatsbudget:

> Artikel 111. Die Auflagen zum Besten des Staates werden jährlich der Berathung und Abstimmung unterworfen. Die Gesetze, welche die Auflagen bestimmen, haben, wenn sie nicht wieder erneuert werden, nur für ein Jahr Kraft.
>
> Artikel 115. Jedes Jahr erlassen die Kammern das Gesetz über die Rechnungen und stimmen über den Ausgabenanschlag (Budget). Alle Einnahmen und Ausgaben des Staates müssen auf den Ausgabenanschlag und auf die Rechnungen gesetzt werden.

Die Entstehungsgeschichte, die Commentare und die späteren Erörterungen ergeben, daß man dies in Belgien bona fide für das notorisch feststehende „constitutionelle" System des Budgets hielt.

Wenn man englische Staaatseinrichtungen damit zu übertragen glaubte, so war dies irrig, und alle Berufungen auf eine Jahrhunderte alte Parlamentspraxis für die Weisheit einer solchen Einrichtung unbegründet.

Soweit man dagegen ein vollkommeneres, fortgeschritteneres System als das englische zu bilden glaubte, beruhte dies auf einer Selbsttäuschung, in welcher sich nur die Lebensanschauungen der dem Staate praktisch entfremdeten Gesellschaft des Continents abspiegeln. Eine so gestellte Staatsgewalt ist in die Lage gebracht, von Jahr zu Jahr sich von der zweiten Kammer eine Vollmacht zu ihrer Forteristenz zu erbitten.

Ein solcher Ministerrath ist nicht wie in England der Mittelpunkt einer stetigen organischen Gesetzgebung, sondern **ein Diener der herrschenden Gesellschaft** mit allen ungemessenen Gewalten einer continentalen Administration. Er ist außer Stand gesetzt, Verfassung und Verwaltung zu verbinden, das Verwaltungsrecht durch feste Gesetze einzuhegen und eine wirklich constitutionelle Regierung zu begründen. Diese Staatsverfassungen kommen daher keinen Schritt vorwärts in der Bildung eines festen Verwaltungsrechts, Selfgovernment, — einer Regierung nach Gesetzen. Da der Budgetbeschluß die souveraine Autorität auf einer Seite bleiben soll, so bleibt die einseitige Verordnungsgewalt die ultima ratio auf der andern Seite: diese Verfassungen gelangen daher niemals zur zuverlässigen Unterordnung der Ordonnanzen unter die Legislatur. Der Ministerwechsel bedeutet hier nur das stetige Fortschreiten eines Zersetzungsprozesses, welcher von der Bildung des Rechtsstaats weiter abführt. In Frankreich ist dieser Zersetzungsprozeß an seinem acuten Verlauf sichtbar. In Belgien ist er aufgehalten durch den Charakter der Nationalität, durch die Fortdauer einer von Alters her lebendigen Gemeinde- und Provinzial-Verfassung, durch die Persönlichkeit des Königs, durch die Mäßigung, welche das Bewußtsein von der gefährdeten Existenz des Staats auferlegt. Allein auch die uns sympathischen belgischen Zustände sind unter dieser Verfassung nur zu der Frage gelangt: **was weiter?**

III.

Die preußischen Verfassungsartikel über das Budget.

Als unter den Stürmen des Jahres 1848 eine preußische Verfassungsurkunde zu Stande gebracht werden mußte, war kaum eine andere Wahl gegeben, als eine Nachbildung der belgischen. Es ist damit kein Vorwurf ausgesprochen. Der absolute Staat hatte kein Muster für ein Repräsentativsystem hinterlassen. Die englische constitutional law war eine unbekannte Größe. Hätte wirklich Jemand englische Grundsätze vom Budget zur Annahme anempfehlen wollen, so würde er von allen Seiten belehrt worden sein, daß diese neue Theorie unrichtig und unanwendbar sei. Real-Politiker, Juristen und Verwaltungsbeamte, bei denen die „Theorie" stets da anfängt, wo ihr Wissen aufhört, würden den Neuerungsversuch mit überwältigender Majorität beseitigt haben. — Die französische Charte konnte nicht zum Muster erhoben werden in einem Augenblick, wo sie soeben zusammengebrochen war. — Die belgische Verfassung war das nächstliegende bekannte Muster, erprobt in den Stürmen von 1848, den herrschenden Vorstellungen entsprechend.

Diese Vorstellungen sind eine Macht, auch wenn sie auf irrigen Voraussetzungen beruhen; sie sind der Ausdruck eines allgemeinen Verlangens, dessen Grund in den Erfahrungen der Vergangenheit ruht. Für die Tragweite des Neuen in der Zukunft konnte erst die practische Erfahrung entscheiden, welcher alle Völker Europas (ebenso wie England) die schrittweise Correctur fehlerhafter Verfassungsbestimmungen verdanken.

Der Fehler, der hier begangen war, bestand nicht in einer Lücke, sondern in einer Ueberladung nach zwei Seiten.

I. Die Kammern sollen über alle Staatseinnahmen, also auch die gesetzlich feststehenden, jährlich noch einmal beschließen in den Formen einer „Feststellung der Staats-Einnahmen".

Sollen nun aber durch einen ablehnenden Budgetbeschluß die dauernden Steuergesetze außer Kraft gesetzt oder nur suspendirt werden? Sollen die Steuerzahler fortbezahlen? Und wo sollen event. die in die Staatskasse fließenden Gelder bleiben, wenn die Kammer ihre Zustimmung zu den Einnahmen versagt? Die practische Lösung dieser Widersprüche durch die Bildung eines consolidirten Fonds (Capital-Conto des Staats) und die Einsetzung einer Staatscontrolle (Anlage §. 68a.) würde wenig Anklang gefunden haben, so nahe die Anknüpfung an die preußischen Institute des Staatsschatzes und der Generalcontrolle lag. Für viel practischer galt jener Zeit der „große Grundsatz", daß die

Kammern alljährlich die ganze Staatseinnahme zu genehmigen oder zu verweigern haben. Ein Gefühl für das dem Staate Nothwendige hatte indessen schon 1848 eine Uebergangsbestimmung hinzugefügt (Art. 108.), welche die bestehenden Steuern und Abgaben bis zu einer Abänderung durch Gesetze fortexistiren ließ.

Bei der Revision der Verfassungsurkunde wurde diese Frage unter heftigem Streit diskutirt, in welchem freilich nirgends von englischen, sondern nur von „konstitutionellen" Grundsätzen die Rede war. Nach der constitutional law war die Frage so zu stellen. In dem ganzen Laufe der englischen Staatsbildung haben es die Parlamente niemals versucht, ein rechtmäßiges dauerndes Staatseinkommen in ein temporäres verwandeln zu wollen. Alles Steuer- und Budgetbewilligungsrecht hat nie ein anderes Ziel gehabt, als bei den wachsenden Bedürfnissen des Staats neue Einnahmen und bewegliche Ausgaben von der Bewilligung der Parlamente abhängig zu machen. Konnte es einem König von Preußen zugemuthet werden, die Domäneneinkünfte, die er und seine Vorfahren rechtmäßig und perpetuirlich zu Staatszwecken bezogen hatte, sich fortan von Jahr zu Jahr von seinen Kammern bewilligen zu lassen? Alle direkten und indirekten Steuern, die durch verfassungsmäßige Gesetze des Königs und seiner Vorfahren dauernd für den Gebrauch des Staates fundirt sind, sich fortan von Jahr zu Jahr zubilligen zu lassen? Sollte ein rechtmäßiger Monarch, der nicht in der Lage war durch eine Wahlkapitulation zur Regierung dieses Landes erst verstattet zu werden, eine Zumuthung annehmen, welche niemals einem König von England gestellt worden, auch nicht nach zwei Revolutionen 1660 und 1688? — bloß aus dem Grunde, weil ein bittweises Jahreseinkommen ein angeblich konstitutioneller Grundsatz sein sollte?

Die Entscheidung der Frage ist 1850 verneinend erfolgt. Der Entschluß dazu war ein schwerer, wie jeder Entschluß formelle Befugnisse an gesetzliche Schranken zu binden. Der Entschluß ist aber gefaßt und unwiderruflich. Die Perpetuität der Staatseinnahmen ist kein interimistischer, sondern ein definitiver Theil der „beschworenen" preußischen Verfassung. Nur in rückhaltsloser Anerkennung des nun feststehenden Verfassungsgrundsatzes können verfassungstreue Parteien zum Ausbau der Verfassung und der Freiheitsrechte gelangen. Die Zukunft wird lehren, daß mit jenem Beschluß grade der Grund zum Rechtsstaat gelegt ist. Der stille Rückhalt aber, der solche Fundamentalsätze wieder rückgängig machen möchte, verhindert alle wirklichen Forschritte unseres Verfassungslebens. Ueber der Sehnsucht nach dem verlorenen Ideal hat die zweite Kammer kaum daran gedacht, bei Gelegenheit von Steueränderungen sich irgend eine bewegliche Steuer zu verschaffen, die nach ihrer Natur und nach den wechselnden Bedürfnissen des Staats zu einer periodischen Bewilligung sich wirklich eignet. Ueber dem „großen Prinzip" ist die Gewinnung eines realen und berechtigten Einflusses versäumt worden. Ebenso ist eine wirksame Kontrole der Staatseinnahmen noch nicht erreicht.

II. **Die gesammten Staatsausgaben sollen alljährlich durch das Staatshaushaltsgesetz bewilligt werden, also auch mit Einschluß der durch Gesetze bereits feststehenden Ausgaben.**

In dieser Bestimmung liegt allerdings keine Lücke, wohl aber ein Widerspruch, welcher der Correctur bedarf. Die ehemalige Lückentheorie war noch mehr ein Verstoß gegen die Regeln der Arithmetik, als gegen die Regeln der Verfassung. Sie ist jetzt stillschweigend zur Ruhe bestattet und mag auf sich beruhen.*)

Die nothwendige Correctur auf dieser andern Seite wird darin bestehen, daß in Zukunft die bloßen Rechnungsposten von den wirklichen Bewilligungsposten in der Ausgabe zu trennen sind. Die gute Sitte der Zugrundelegung einer umfassenden Uebersicht aller Einnahmen und Ausgaben braucht deshalb nicht aufzuhören. Bei der Redaction des Etatsgesetzes wird es aber nothwendig werden, die wirklich bewilligten Posten von den bloß anerkannten Rechnungsposten durch feste Formeln zu scheiden, durch welche jeder Schein vermieden wird, als solle für gesetzliche Ausgaben noch eine Bewilligung stattfinden. Das Zusammenaddiren aller verschiedenen Posten, welche nach englischer Ausdrucksweise auf dem consolidirten Fonds stehen (Consolidated Fund Services), mit allen Posten, welche Gegenstand der jährlichen Estimates sind (Supply Services), führt nicht zur Durchführung des „großen Princips" der Ausgabebewilligung in seiner Reinheit und Consequenz, sondern zu einem juristischen Widersinn, welcher der ersten wie der zweiten Kammer die Möglichkeit ein Budget zu verwerfen überhaupt entzieht.

Gesetzwidrig ist und bleibt auch unter der jetzigen Verfassung jede einseitige Erhöhung der Staatsausgaben gegen den Beschluß der Volksvertretung. In jeder anderen Beziehung aber wirkt die jetzige fehlerhafte Einrichtung nur lähmend auf die freie sachgemäße Ausübung des Ausgabebewilligungsrechtes.**)

*) Vgl. den Bericht des Verf. über die Novelle zu Art. 99. der Verfassung, Drucksachen des Preußischen Abgeordnetenhauses 1864 und die stenographischen Berichte der darüber geführten Verhandlungen.

**) Vgl. den oben angef. Bericht und beispielsweise die Verhandlungen des Abgeordnetenhauses vom 12. Juni 1865.

IV.

Die Budgetartikel der Reichsverfassung

waren bei dieser Lage der Verhältnisse unvermeidlich mit alten Streitfragen der preußischen Landesverfassung verflochten.

I. Die Perpetuität der Staatseinnahmen kann allerdings von dem Bundespräsidium nicht mit demselben Recht gefordert werden, wie die Perpetuität der preußischen Staatseinnahmen. Es handelt sich hier nicht um wohlhergebrachte Rechte einer erblichen Krone, sondern um die neue Begründung einer Bundesstaatsgewalt, für welche die Zustimmung der deutschen Volksvertretung erfordert wird, die eben deshalb auch befugt ist, Bedingungen zu stellen. Handelte es sich nur um die formellen Grenzen des Rechts, so wäre der Reichstag wohl befugt, das Experiment einer Bundesstaatsgewalt mit jährlich neu zu bewilligendem Einnahme-Etat zu machen. Allein sachliche Gründe sprechen dafür, von jenem formellen Recht den allermäßigsten Gebrauch zu machen.

Zunächst ist der Einnahme-Etat des künftigen Bundes der Sache nach kein neugeschaffenes Einkommen, sondern nur eine Vereinigung schon vorhandener legaler Staatseinkünfte zu vorhandenen, anerkannten, gemeinschaftlichen Zwecken, und dabei hat auch eine Volksvertretung mehr an die Erhaltung, als an die Erweiterung ihrer Rechte zu denken. Bei einer precären Stellung der gesammten Bundeseinnahmen wäre der nächstverlierende Theil die preußische Krone. Die Krone, welche bisher in der preußischen Landesverfassung ihre vollständigen Staatseinnahmen als dauernd garantirt erhalten hat, würde in der Bundesverfassung eine bloß jahresweise Zubilligung sämmtlicher Bundeseinnahmen kaum annehmen können. Die übrigen deutschen Regierungen und Volksvertretungen sind zum Theil in anderer Lage, und es würde insoweit eine Art von Durchschnittsverhältniß zu rechtfertigen sein. Politische Erwägungen sprechen aber für die Permanenz gerade nach den Erfahrungen des ehemaligen deutschen Reichs, dem die Einheit und Kraft vorzugsweise deshalb verloren ging, weil es an Reichssteuern, an fundirten und garantirten Reichseinnahmen zu allen Zeiten fehlte. Soll der Bund zum Bundesstaat sich wirklich consolidiren, so dürfen seine Einnahmen nicht in permanenter Schwebe bleiben. Soll der Bund die Fähigkeit zur Contrahirung von Schulden und zu Creditoperationen erhalten, so müssen seine Einnahmen bis zur Deckung des unbedingt und voraussichtlich zu allen Zeiten Nothwendigen permanent sein. Der Reichstag, wenn er so verfährt, folgt dem Beispiel des englischen Unterhauses, welches die Einnahmen der Krone für das unbedingt Nothwendige gerade in dem Jahrhundert wieder permanent gemacht hat, in welchem es die höchste Gewalt besaß, das Gegentheil zu thun.

II. In Bezug der Reichsausgaben liegt für den Augenblick noch kein Bedürfniß vor zu einer Ausscheidung eines gesetzlich fixirten Ausgabe-Etats. Eine voreilige, zu weit gefaßte gesetzliche Fixirung würde die Bundesregierung in die verkehrte Lage bringen, zu jeder Aenderung eines Compagnie-Etats künftig eines Reichsgesetzes zu bedürfen! Gesetzlich fixiren lassen sich überhaupt nur einfache Zahlen, nicht aber Begriffe, welche nur dem Verwaltungsrecht des absoluten Staats angehören. Ebenso führt ein Versuch im Etat ein festes Ordinarium und ein bewegliches Extraordinarium zu unterscheiden nicht nur zu einer Lahmlegung des Budgetrechts durch das Gesetz, sondern auch zu chronischer Finanzverwirrung. Eine Budgetberathung, welche nicht die relativen Bedürfnisse eines Dienstzweiges im Ganzen erwägen darf, kann weder der Regierung noch der Volksvertretung nützen. — Nur für das Militairbudget ist zum Zweck der Durchführung einer neuen Heeresorganisation die Gewährung eines Pauschquantum auf einige Jahre wohl unvermeidlich. Allein ein permanent festgestelltes Pauschquantum würde nach einer Seite ebenso sehr die Abtödtung des Budgetrechts durch die Gesetzgebung bedeuten, wie umgekehrt eine Beseitigung der Gesetzgebung durch das Budgetrecht möglich ist. Es führt mich dies schließlich zu einigen Bemerkungen über das Militairbudget.

V.

Die besondere Behandlung des Militairbudgets.

Das Militairbudget in England ist schon oben beiläufig berührt. Gewöhnlich wird bei Beginn der Session zuerst die Mutiny Act mit beiden Häusern des Parlaments vereinbart, und dadurch die Kopfzahl der Armee für das nächste Finanzjahr festgestellt. Auf Grund dessen wird dann der Ausgabe-Etat, jetzt in 6 Haupttheilen und 27 Titeln, votirt, wobei in dem ersten Haupttheil — Löhnung, Bekleidung, Kasernirung ꝛc. — die gesetzlich feststehende Kopfzahl zu Grunde gelegt werden muß. Ein rechtswidriger Versuch, bei der Berathung der Estimates die Kopfzahl abzuändern, nachdem sie durch Gesetzesbeschluß feststeht, ist im Laufe der Menschenalter nicht vorgekommen. Die Gliederung der Armee in Regimenter, Bataillone ꝛc. beruht auf Regulativgewalten der Krone und ist in England durchschnittlich stabiler als in den Armeen des Continents. *)

Von diesen Verhältnissen ist nun aber entschieden unanwendbar auf Deutschland die jährliche Erneuerung der Mutiny Act. Sie war in England veranlaßt durch die praktische Erfahrungen, die in entgegengesetzter Richtung unter Cromwell und unter Jakob II. an einer stehenden Soldarmee gemacht waren. In Deutschland sind sowohl die Rechts- wie die militairischen Verhältnisse entgegengesetzter Art. Wir können unsere Beschlüsse über den Militair-Haushalt unmöglich mit den englischen Worten beginnen:

> „In Erwägung, daß das Halten einer stehenden Armee wider das Gesetz ist, es aber zweckmäßig erscheint, zur Erhaltung des europäischen Gleichgewichts eine bewaffnete Macht zu halten, genehmigt der Reichstag für das nächste Jahr 270,000 Mann ꝛc."

Es wäre das unwahr.

Die stehende Armee ist in Deutschland nicht verfassungswidrig, sondern sie ist der älteste und besterworbene Theil der Landeshoheit.

Die Armee ist nicht zweckmäßig zur Erhaltung des europäischen Gleichgewichts, sondern sie ist nothwendig zur Selbsterhaltung des Staats, als die erste Lebensbedingung der Selbstständigkeit eines Großstaats in Mitteleuropa.

Unsere Armee ist vor Allem kein Soldheer, sondern eine gere-

---

*) Engl. Verwaltungsrecht Band II. §. 91.

gelte Volksbewaffnung. Die Zwecke und Tendenzen aller Beschlüsse über die Erhaltung des Heeres sind daher die entgegengesetzten wie in England.

Die Mutiny-Bill beabsichtigt möglichst wenige Leute unter die Waffen zu bringen: unsere Beschlüsse beabsichtigen möglichst viele auszuheben, wenn irgend möglich alle; denn die persönliche Wehrpflicht wird nur erträglich, wenn sie mit unerbittlicher Gerechtigkeit alle Schichten des Volks trifft.

Die Mutiny-Bill will möglichst sparsame Behandlung der Mannschaften: für uns kann die Sparsamkeit niemals der höchste Gesichtspunkt sein; denn wir würden den Wehrpflichtigen zu der schweren persönlichen Pflicht noch eine Steuer auferlegen bei mangelhafter Ernährung und Bekleidung.

Die Mutiny-Bill muß die einmal geworbenen Mannschaften möglichst lange erhalten: wir müssen sie möglichst kurz bei den Fahnen halten; denn die allgemeine Wehrpflicht ist nur ausführbar bei möglichst knapper Dienstzeit, die eine gesetzlich gleiche Behandlung der Mannschaften voraussetzt.

Die Mutiny-Bill will alle Militairverhältnisse möglichst beweglich und locker erhalten: das deutsche Militairgesetz muß alle Rechtsverhältnisse möglichst befestigen; denn die gesammte den Waffendienst leistende Jugend kann nicht einem willkürlichen Ausnahmsrecht unterworfen werden, welches weiter ginge, als die militärische Ordnung und Disciplin unbedingt erfordert.

In der Mutiny-Bill ist Alles auf die Bedürfnisse des nächsten Jahres berechnet: das deutsche Militairgesetz ordnet auf 12 Jahre hinaus die Mannschaften in Linie und Landwehr, und bedarf als Schule der Nation für den Krieg eines feststehenden Rahmens, um die Gesammtheit der Waffenfähigen aufzunehmen und gleichmäßig durchzubilden.

Alles drängt in dem System der allgemeinen Wehrpflicht zu einer gesetzlichen Regelung*), und hebt eben damit die politischen Gefahren wieder auf, die in dem System der Soldarmeen die Freiheit der Völker bedrohen. Dieselben Gründe, welche für die Geldleistungen an den Staat den Fortschritt von der unvollkommenen Form der Subsidienbewilligung zu der reiferen Form der Steuergesetze herbeigeführt haben, dieselben Gründe bedingen auch für die höchste persönliche Leistung im Staat, die persönliche Wehrpflicht, eine gesetzliche Maßbestimmung nicht blos aus militärischen, sondern auch aus volkswirthschaftlichen Gründen**).

Die deutsche Mutiny Act kann daher kein Jahresgesetz, sondern nur ein permanentes Gesetz sein. Die Leistungen des Einzelnen wie der Gesammtheit, (welche wirthschaftlich und finanziell mehr bedeuten, als alle directen Steuern zusammengenommen), können in ihrer Maßbestimmung keinem einseitigen Verordnungsrecht der Krone unterliegen, — müssen eben deshalb gesetzlich fixirt, — also auch für die

---

*) In Preußen ist die gesetzmäßige Fixirung des äußeren Rahmens der Armee schon durch die publicirte Verordnung von 1819 (Gesetz-Sammlung 1820 S. 5) erfolgt. Vergl. den Bericht der Militärcommission von 1864 S. 42—53.

**) Vergl. die Denkschrift des Verfassers vom 29. September 1862 über die Lage der Militärfrage und die Verhandlungen von 1863. 1864. 1865.

Volksvertretung bindend sein, bis zur Aenderung durch verfassungsmäßiges Gesetz.

Abgesehen von diesem Unterschied empfiehlt sich nun aber die Berathung des Militärbudgets mit Zugrundelegung einer Normalzahl nicht nur durch die 170jährige Praxis des englischen Parlaments, sondern auch durch die Erfahrungen der deutschen Budgetverhandlung. Das englische Parlament gewährt — auf Grund der Budgetberathung reichlich genug — für jetzt dem Gemeinen einen Minimalsold von ⅓ Thlr., mit Einrechnung der übrigen Geldvortheile das Doppelte. Von einer deutschen Volksvertretung, die ihre eigenen Söhne im stehenden Heere hat, ist eine knickrige Behandlung am allerletzten zu erwarten. Aller nennenswerthe Streit über das Heeresbudget hat sich stets nur um das Verlangen einer Herabsetzung der Präsenzzahl gedreht, der mit der gesetzlichen Normalzahl aufhört. Alle übrigen Differenzpunkte über Sold-, Verpflegungs- und Gehaltssätze sind namentlich in Preußen stets so untergeordneter Natur gewesen, daß kein Wort darüber zu verlieren ist, in Erwägung, daß die öffentliche Berathung nnd Beschließung des Militärhaushalts einmal bestehendes Recht und bestehende Praxis in Deutschland ist.

Die stets wiederkehrende ökonomische Abmessung des Bedürfnisses innerhalb des großen Rahmens der Armee ist für alle Theile von Bedeutung, bildet die stärkste, unbestreitbarste Funktion einer deutschen Volksvertretung. Es giebt kaum ein Gebiet, in welchem es sachwidriger wäre, das wohlbegründete Recht der Volksvertretung an der ökonomischen Abmessung der Staatsbedürfnisse auszuschließen, wie das Gebiet der Militärverwaltung unter der Herrschaft des Systems der allgemeinen Wehrpflicht.

Dies Recht der Volksvertretung vereinigt sich mit der nothwendigen Festhaltung eines festen Rahmens der stehenden Armee als „Waffenschule der Nation", in der Weise, wie es in den sog. Forckenbeck'schen Amendements von 1863 formulirt wurde:

> „Die Stärke des Heeres für den Friedensstand soll durch ein Gesetz festgestellt werden. Auf Grund dieses Gesetzes erfolgt die jährliche Veranschlagung der Ausgaben für das Heer."

In der Anwendung auf die schon gefaßten Beschlüsse des Reichstags gestaltet sich dieser Grundsatz dahin:

> „Das Etatsgesetz über die Bundes-Ausgaben erstreckt sich auch auf das Kriegs- und Marinewesen; jedoch mit der Maßgabe, daß
> 1) bei Feststellung des Etats des Bundesheeres die im Art. 56. festgestellte Friedens-Präsenzstärke als gesetzlich bestehende Kopfzahl des Heeres zu Grunde zu legen ist, bis solche im Wege der Bundesgesetzgebung (Art. 5.) abgeändert werden wird;
> 2) daß bis zum 31. Dezember 1871 der im Artikel 58. festgestellte Betrag als Pauschquantum in Stelle des Ordinarium tritt." (Antrag Nr. 176.)

An dieser richtigen Fassung wird sich durch Compromisse nichts verbessern lassen; denn der Verfassungs- und Rechtsstaat beruht nicht auf Compromissen, sondern auf der gegenseitigen Anerkennung der Rechte der Krone und des Volks.

Anlage.

Auszug aus dem Englischen Verwaltungsrecht.

Band II. §. 59, 68, 68a.

Seite 766—769, 832—851.

---

§. 59.

Die heutige Stellung des Schatzkanzlers.

Das Verhältniß des Schatzkanzlers zu den Geldbewilligungen des Parlaments bedarf zu seinem Verständnisse einiger Vorbemerkungen über die Behandlung des englischen Staatshaushalts.

Da das Gesetz als höchste Autorität ebenso über den Geldbeschlüssen der beiden Häuser des Parlaments, wie über den königlichen Ordonnanzen steht, so können Einnahmen und Ausgaben des Staats, welche einmal gesetzlich festgestellt sind, nicht Gegenstand parlamentarischer Bewilligungen sein. Es scheidet daher von den Verhandlungen über das englische Budget aus:

1) der größere Theil der Einnahmen des Staats, welche jetzt zu etwa ⅞ auf permanenten Gesetzen beruhen. Gegenstand der Budgetverhandlung sind nur die etwa zu beschließenden neuen Steuern, Verlängerungen temporärer Steuern und Aenderungen in dem Steuertarife. Vorschläge dieser Art werden in der Regel als besondere Gesetzentwürfe eingebracht, gehen als solche durch beide Parlamentshäuser, und sind meistens schon als besondere Finanzgesetze zu Stande gebracht, bevor es zu der zusammenfassenden Verhandlung über das Ausgabebudget kommt. Eine detaillirte Uebersicht über die Staatseinnahmen kommt erst in der Finanzschlußrechnung vor, während die Budgetverhandlungen sich auf eine summarische Angabe der Einnahmen beschränken.

2) Auch die Ausgaben des Staats sind beinahe zur Hälfte gesetzlich feststehende, und insoweit nicht Gegenstand parlamentarischer Bewilligungen. Es gehört dahin die Staatsschuld, die Civilliste, die Richtergehalte, die Gesandtengehalte und eine Anzahl anderer durch Gesetz fixirte Pensionen, Staatsbelohnungen und Unterstützungen, welche ein für allemal auf den konsolidirten Fonds angewiesen sind. Etwanige Aenderungen darin, seien es Erhöhungen, Ermäßigungen oder Aufhebungen, müssen als besondere Finanzgesetze den regelmäßigen Gang der Legislatur passiren. Beispielsweise waren in dem Rechnungsjahre 1863—1864 aus dem konsolidirten Fonds zu leisten:

a) Staatsschuld, Zinsen ꝛc. . . . . 27,858,894 £
b) Civilliste und ordentliche Ausgaben . . . . 1,975,139 =
c) Außerordentliche Ausgaben . . . . . . 3,907,659 =

Gegenstand der Budgetverhandlungen sind nur die über diesen festen Bestand hinausgehenden Ausgaben des Staats, die in den letzten Jahren etwas mehr oder weniger als 40,000,000 £ betrugen. Diese mit dem Parlament zu vereinbaren Ausgaben bilden drei Hauptrubriken:

A. Kosten der Armee, **Army Estimates.**

B. Kosten der Marine, **Navy Estimates.**

C. Uebrige Staatsverwaltung, **Civil Services Estimates.**

Als Gegenstand der Vereinbarung erscheinen auch die Steuererhebungskosten, der Postpacketdienst und etwanige temporäre Objecte.

Diese Verhältnisse sind es, welche sich in der sogenannten Budgetrede alljährlich zusammenfassen. Der von dem Finanzminister vorzulegende Finanzplan geht allerdings von der Gesammtsumme der zu erwartenden Jahreseinnahme und Ausgabe aus. Gegenstand der Berathung und Beschließung im Unterhause ist aber nur der letztgedachte Theil des Staatshaushaltes, welcher einer jährlichen Bewilligung bedarf.

Der Gang der Verhandlungen ist in der Regel folgender. In der Eröffnungsrede der Session wird zunächst allgemein erwähnt, daß der König dem Hause der Gemeinen die Voranschläge vorlegen lassen werde. Das Haus faßt darauf einen allgemeinen Vorbeschluß, daß der Krone Subsidien gewährt werden sollen. Der Schatzkanzler legt demnächst gewöhnlich zuerst die Voranschläge für Armee und Marine, und dann in genügender Zeit seinen Gesammt-Finanzplan für das nächste Finanzjahr berechnet vor, jetzt vom **1.** April bis **31.** März. Diese sehr umfangreichen Vorlagen werden auf Anweisung des Hauses gedruckt. Die Zergliederung des Etats für Armee und Marine kann dem unten folgenden Abschnitte IV. vorbehalten werden. Die Voranschläge der Rubrik **Civil Services** umfassen die Masse der übrigen Staatsverwaltungskosten. Eine Sonderung derselben nach Minister-Departements konnte schon aus dem Grunde nicht gewählt werden, weil das Staatssecretariat und viele andere Departements einem freien Wechsel nach dem Arrangement der zeitigen Verwaltung unterliegen. Man hat daher vorgezogen eine Eintheilung nach Verwaltungsobjecten, deren Reihenfolge nun seit Jahren feststeht, allerseits geläufig, und mit den Verwaltungs-Departements und dem Verwaltungsrecht leicht in Verbindung zu bringen ist. Die 7 Klassen der Civil **Services** unter Beifügung der Voranschläge 1864 sind folgende.

Class I. **Public Works and Buildings** umfaßt 27 Vota für Bauten auf Staatskosten, zusammen . . . . = 857,518 £

Class II. **Salaries and Expenses of Public Departments** umfaßt die Kosten der Centralbehörden der Civil-Verwaltung: Büreaus der Parlamente, Treasury, Home Office, Foreign Office, Colonial Office, Privy Council Office, Board of Trade, Privy Seal Office, und die übrigen Abschnitt I., II., III. V. (VII.) unserer Darstellung gegebenen Centralverwaltungen, welche 38 Vota bilden von zusammen = 1,548,478 £

Class III. **Law and Justice**, Gerichts- und Polizeikosten, umfaßt die Gerichtskosten, welche nicht auf den consolidirten Fonds übernommen sind: Strafverfolgungskosten und Beiträge dazu, Staatsbeiträge für die besoldeten Polizeimannschaften, die Kosten der Specialgerichte, der schottischen und irischen Gerichtshöfe, Inspection der Gefängnisse, Erhaltung der Strafgefängnisse, Transportationskosten, zusammen 47 Vota = 2,859,945 £

Class IV. **Education, Science and Art**, Volksunterricht in Großbritannien, Departement für angewandte Kunst und Wissenschaft, öffentliches Erziehungswesen in Irland und sonstige Beiträge für Kunst und Wissenschaft, zusammen 18 Vota . . . . = 1,311,620 £

Class V. **Colonial, Consular and other foreign Services**, umfassend die Nebenkosten der Gesandtschaften, die Consulate, und kleinere Staatsbeiträge zur Colonialverwaltung, zu einzelnen Expeditionen und in Angelegenheiten des Sclavenhandels, zusammen 23 Vota = 558,375 £

Class VI. **Superannuation and Retired Allowances, and Gratuities for Charitable and other Purposes**, umfassend das Pensionswesen und Beiträge zu einer Anzahl von Hospitälern und Stiftungen, zusammen 19 Vota . . . . = 347,459 £

Class VII. **Miscellaneous, Special and Temporary Objects**, umfassend die Ecclesiastical Commissioners, Temporary Commissions, Patent Law Expenses, Erstattung von Schifffahrtszöllen nach Reciprocitätsverträgen rc. und vermischte unvorhergesehne Ausgaben (13,457 £), zusammen 10 Vota . . . . = 138,620 £

Unter der Rubrik der Civil Services hatte also 1864 das Unterhaus 182 Vota im Betrage von 7,622,117 £ zu beschließen. Diese Vorlagen allein bilden einen Folioband, die Army Estimates und die Navy Estimates ebenso einen gesonderten Band, öfter auch je 2 Bände.

Ueber diese Vorlagen tritt nun das Unterhaus in eine formlose Besprechungsverhandlung als **Committoe of the whole House**, dessen Beschlüsse in Form eines Berichts an das Haus zusammengefaßt werden. Alle darüber gefaßten Beschlüsse sind insofern provisorische, als sie meistens erst nach Monaten in die sogenannte Appropriationsacte zusammengefaßt werden. Nach Abschluß der Verhandlungen über die Ausgaben tritt das Haus ebenso in eine formlose Besprechungsverhandlung über die Mittel der Deckung unter dem Namen eines **Committee der Mittel und Wege**. Diese Deckungsmittel können dreifacher Art sein:

1) Die größere Masse der bewilligten Ausgaben ist in der Regel zu decken aus dem Ueberschusse, welchen der consolidirte Fonds aus permanenten Kroneinnahmen und permanenten Steuern nach Abzug der gesetzlich fixirten Ausgaben übrig läßt. Dies „Surplus" betrug beispielsweise am 31. März 1864 39,787,979 £. Soweit dies nicht reicht, wird

2) die Erneuerung temporärer Steuern, wie der Einkommensteuer, für das laufende Jahr zu einem bestimmten Ansatze bewilligt, oder Gesetzentwürfe zur Erhöhung bestehender Steuern oder zur Einführung neuer Steuern angenommen.

3) zu vorübergehenden Deckungen wird die Ermächtigung zur Emission von Schatzscheinen (Exchequer bills) ertheilt, für welche im Voraus die ersten Bewilligungen der nächsten Session belastet werden.

Die Beschlüsse ad 2 und 3 erscheinen wieder als besondere Gesetzentwürfe, welche der Zustimmung des Oberhauses bedürfen und ihren eigenen Gang gehen.

Ist die Thätigkeit des Committees der Wege und Mittel beendigt und hat das Haus über dessen Bericht die Beschlüsse gefaßt, so folgt eine Zusammenfassung des Ganzen für den Dienst des laufenden Jahres, unter dem Namen Appropriations-Acte. In ihr werden alle der Krone für den Dienst des Jahres gewährten Bewilligungen aufgeführt und der Zweck der Verwendung derselben (**Appropriation**) bestimmt. In derselben werden vor Allem die bewilligten Gelder erwähnt, zuerst die Summe aus dem consolidirten Fonds, dann die Jahressteuern unter Bezugnahme auf die Bill, durch welche sie bewilligt sind, die Ermächtigung zur Ausgabe von Schatzscheinen, die Kassenreste 2c. Darauf folgen die Ausgaben, welche den Hauptbestandtheil des Gesetzes bilden, am Schlusse desselben die Clausel, daß eine Verwendung für andere Zwecke, als sie aufgeführt sind, unstatthaft ist.

Für den Gang aller dieser Verhandlungen ist nun der Schatzkanzler das Hauptverbindungsglied zwischen dem Parlament und dem zeitigen Ministerium. In seiner Person ruht die Einheit des Finanzplanes. Die mündlichen Verhandlungen im Plenum des Hauses in der Form eines **Committee of the whole House** stehen zwar an gründlicher Prüfung der Einzelheiten den Commissionsverhandlungen in deutschen Kammern vielfach nach, empfehlen sich aber durch größere Lebendigkeit und Anschaulichkeit, und behalten die großen finanziellen Gesichtspunkte mehr im Auge, ohne sich zu sehr in kleine Einzelheiten zu verlieren. Die vollständige Aussonderung der gesetzlich ein für allemal feststehenden Einnahmen und Ausgaben von der Budgetverhandlung hat den practischen Erfolg, eine Collision von Budgetbeschlüssen mit bestehenden Gesetzen und die Versuchung dazu fernzuhalten. — — —

§. 68.

Das Grundverhältniß von Gesetz und Steuerbewilligung.

England ist das einzige Land Europa's, welches in die zweite Hälfte des Mittelalters mit vollständig entwickeltem Finanzrecht eingetreten ist. In den ersten anderthalb Jahrhunderten nach der Eroberung war das Königthum mit dauernden Revenüen so reichlich ausgestattet, daß erst in Folge einer Selbstverschuldung unter König Johann das Bedürfniß einer „**extraordinary revenue**" auftrat, aus welchem sich neue ständische Rechte zu entwickeln begannen. Die frühzeitige Concentrirung aller Staatsgewalten im Königthum führte aber zu einer ebenso frühzeitigen Verflechtung der Finanzen mit allen staatlichen Verhältnissen. Seit dem Beginn der reichständischen Periode wird das Königthum allerdings abhängiger von den Finanzbewilligungen des Parlaments. In jedem Jahrhundert tritt aber auch wieder eine Erweiterung der davon unabhängigen permanenten Einkünfte der Krone ein. Diese in großen Zügen zu verfolgende Erscheinung bildet in der That ein System des Gleichgewichts der Gewalten von der historischen Seite aus *).

Seit der Revolution von 1688 war aber das dauernde Staats-Einkommen durch ein Zusammentreffen vieler Umstände tief gesunken, während sich die Ausgaben, besonders durch die Bedürfnisse der stehenden Armee, in rasch steigendem Maße vermehrten. Das Parlament selbst übernahm nun die Fürsorge für die jährliche Unterhaltung der militärischen Streitkräfte zu Lande und zur See; das permanente Einkommen der Krone trat dagegen dem Betrage nach zurück als eine **Civil List**, aus welcher der Hofhalt und die meisten alten Kosten der Civilverwaltung zu bestreiten. Das relative Herabsinken der permanenten Einnahmen bildete eine Hauptschwierigkeit, unter welcher die Staats-Verwaltung in dem ersten halben Jahrhundert nach der Revolution die nothwendige Stabilität so schwer wiederfinden konnte. Erst das beginnende Wachsthum der Staatsschuld und die täglichen Erfahrungen der Staats-Verwaltung selbst führten die regierende Klasse auf eine größere Stabilirung des Staats-Einkommens im Laufe des 18. Jahrhunderts zurück. Die Praxis der Parlaments-Regierung selbst hat die Heilmittel empirisch gefunden.

Der Weg dazu war indessen ein neuer. Früher war die Stetigkeit in einer Privatrechtsform gefunden, welche das dem Staat dauernd Nothwendige als eine permanente, erbliche oder wenigstens lebenslängliche Revenue des Königs behandelte. Als nun aber im 18. Jahrhundert die historische Revenue des Königs völlig unzureichend wurde, trugen die Parlamente Bedenken, die nothwendigen Erhöhungen dem König in Form einer neuen „erblichen Revenue" zu übertragen. Eine Verdoppelung oder Vervierfachung des erblichen Einkommens würde (abgesehen von allen bitteren Erfahrungen des 17. Jahrhunderts über die schlechte Verwendung) zu einer unabsehbaren Erhöhung der persönlichen Königsgewalten geführt haben, zu welcher das Parlament wenig geneigt war. Wie das 18. Jahrhundert den Grundcharakter einer „Regierung nach Gesetzen" immer consequenter durchführte, so wählte man diesen Weg auch, um dem Staats-Einkommen die nothwendige Stetigkeit wieder zu geben. Es geschah dies durch die Constituirung eines permanenten Staats-Vermögens unter der Bezeichnung des consolidirten Fonds**), ungefähr in der Weise einer juristischen Person. Entscheidend für diese Bildung wurde namentlich das **st. 3 Geo. I. c. 7.** Längere Zeit waren zu dem Zweck 3 stehende Fonds gebildet, der **aggregate fund**, der **general fund** und der **South sea fund**, welche zuletzt in einen consolidirten Fonds vereint wurden, **27 Geo. III. c. 13.** Gerade auf dem Höhepunkt der Parlaments-Regierung sind unter zahlreichen Wandlungen zuletzt alle historischen Hauptsteuern permanent geworden. Durch diesen Gang der Gesetzgebung gewann aber der Staatskörper trotz seiner Abhängigkeit von den Ausgabebeschlüssen wechselnder Majoritäten die nothwendige Stetigkeit wieder. Das neuere Verhältniß zwischen Gesetz und Budget bildet den realen Inhalt jener vielbesprochenen Theorie vom Gleichgewicht der Gewalten im heutigen Sinne***). Soweit sich in der langsam fortschreitenden Bewegung leitende Gedanken finden lassen, treten folgende zwei Grundsätze hervor:

1) daß die Einnahmen des Staates, soweit sie erfahrungsmäßig zur Existenz der laufenden Staatsverwaltung gehören, nicht jährlich bewilligt, sondern durch permanente Gesetze fixirt sein müssen. Die Parlamentspraxis hat diesen Grundsatz in vollem Maße verwirklicht, wobei auch der wirthschaftliche Gesichtspunkt in Betracht kam, daß Grund-, Gewerbe-, Verbrauchssteuern und Zölle keine jährlich wechselnde Scala zulassen, ohne Verwirrung in die Erwerbsverhältnisse zu bringen.

2) daß die Ausgaben des Staats, soweit sie **rechtlich** nothwendig, durch Gesetze zu fixiren, und ein für alle Mal anzuweisen sind. Dieser zweite Grundsatz ist allerdings sehr beschränkt durch die Fiction, daß eine stehende Armee für England unnöthig und nur als Ausnahms-

einrichtung von Jahr zu Jahr zu bestätigen sei. Die Veranlassung zu mißtrauischer Zurückhaltung und die Gunst der Umstände — zum Vortheil des Parlaments und zum Nachtheil der Krone — war wohl nirgends größer als in England. Principiell indessen ist auch diese zweite Seite des Verhältnisses zwischen Budget und Gesetz zur knappen Geltung gekommen.

Die Verwirklichung dieser Grundsätze hat folgenden Gang genommen:

I. Die Staatseinnahmen sind schon im Laufe des 18. Jahrhunderts der Hauptmasse nach permanent geworden.[1]) Bis zur Zeit Carl's II. waren alle parlamentarischen Steuern temporär gewesen. Auch die Zölle wurden früher gewöhnlich auf eine Anzahl Jahre bewilligt; höchstens auf Lebenszeit des Königs. Seit der Restauration trat die lebenslängliche Bewilligung ein für Carl II., Jacob II, Wilhelm III.; unter Anna aber wurden die Zölle für perpetuirlich erklärt, vorbehaltlich der Amendirung durch die Gesetzgebung. Die **Excise** war schon durch **12 Car. II. c. 24**, so weit sie als Abfindung für die aufgehobene Lehnslastung dienen sollte, für perpetuirlich erklärt. Die Haussteuer unter dem Namen **Hearthmoney** wurde gleich Anfangs permanent geschaffen, und unter Wilhelm III. als permanente Steuer wieder hergestellt. Die **Land Tax** nahm durch die Contingentirung eine feste Gestalt an, bei der freilich die Jahresbewilligungen zwischen 3 oder **4s. in the Pound** zu wechseln pflegten. — Zu Blackstone's Zeit rechnete man zu den temporären Steuern noch die **Land Tax** mit der gedachten Maßgabe, die Malz-Taxe und die unbedeutende Abgabe von Aemtern und Pensionen. Mit dem Schluß des 18. Jahrhunderts wird nun aber auch die **Land Tax** zu ihrem höchsten Ansatz für perpetuirlich erklärt durch **38 Geo. III. c. 60.** Später ist auch die Malzaccise perpetuirlich geworden, so daß die heute noch vorkommenden periodischen Steuern sämmtlich von sehr neuem Datum sind.

II. Die Staatsausgaben sind wenigstens zum Theil, periodisch mehr weniger als zur Hälfte, durch Gesetz fixirt.[2]) In der älteren Verfassung stand Alles, was als dauerndes Bedürfniß der Staatsverwaltung angesehen wurde, auf dem Etat der erblichen Revenue. Dies Verhältniß wurde aber tief erschüttert durch die Revolution von 1688. Den Hauptposten der stehenden Soldarmee erkannte man nicht mehr als dauerndes Staatsbedürfniß an, machte vielmehr rechtlich und factisch deren Existenz von jährlichen Parlamentsbewilligungen abhängig. Ebenso übernahm das Parlament die Kosten der Marine durch periodische Bewilligungen, welche die Krone sich gefallen lassen mußte, da ihr dauerndes Einkommen dafür nicht ausreichte. Permanent und unabhängig von der Parlamentsbewilligung blieb nur der königliche Hofhalt und die sonstigen Organe der königlichen Prärogative, welche in dem beschränkten englischen Sinne als Civilverwaltung des Staats bezeichnet werden können. Da die Staatsausgaben aber rasch wuchsen, so wurde der Ausgabe-Etat weit überwiegend von jährlicher Parlamentsbewilligung abhängig, — ein neues Verhältniß, welches vielleicht mehr wie alles Andere den Charakter der Parteiregierungen des 18. Jahrhunderts bestimmt hat. Das stabile Element der Ausgaben erschien nur noch bruchstückweise wie ein Anhang der Civilliste, beschränkt auf die alten Richtergehalte, Diplomatengehalte, alte Aemter und dauernd verliehene Pensionen; während die neueren Aemter und Verwaltungseinrichtungen auf die periodischen Parlamentsbewilligungen angewiesen blieben. Erst die Nothwendigkeit eines dauernden Unterpfandes für die wachsende Staatsschuld und die Nothwendigkeit einer permanenten Deckung der Zinsen führte massenhafte Belastungen dem consolidirten Fonds zu, dessen Jahresausgabe im 19. Jahrhundert einen Betrag von 30,000,000 £ erreicht und häufig überschritten hat. Nach verschiedenen Gesetzen wurden auch die Erhebungskosten der Finanzdepartements von den Einnahmen abgezogen und damit einer directen Bewilligung durch das Parlament entzogen. Durch 17 et 18 Vict. c. 94 §. 1. fand sodann eine Art von systematischer Auseinandersetzung Statt. Vom 1. April 1854 ab sollen die im Verzeichniß A. benannten Gehalte, Pensionen und Verwaltungskosten, welche bisher aus anderen Fonds zahlbar, aus dem consolidirten Fonds gezahlt werden: namentlich die Gehalte des Lord President und der übrigen Richter des Court of Sessions, der Bezirksrichter und die Richterpensionen in Schottland, gewisse Zuschüsse für den schottischen Clerus und gewisse Geldvergütigungen für aufgehobene Gebühren. Dagegen sollen umgekehrt die in Schedule B. benannten Gehalte und Verwaltungsausgaben fortan durch jährliche Parlamentsvota bestritten werden. Dazu gehören 44 verschiedene Gruppen von Gehalten, welche bisher nach speciellen, benannten Gesetzen auf dem consolidirten Fonds ruhten: namentlich die Büreaukosten der Oberrechenkammer, das Civilstandsregisteramt, die Generalcommission für Zehnten 2c., die Staatsschuldenverwaltung, die Polizeiverwaltung von London (mit Ausnahme der Polizeirichter), die Verwaltung des Schuldgefängnisses, die Schatzmeister der Kreisgerichte, das Crown Office, die Revising Barristers und zahlreiche Aemter in Irland. Weiter folgt eine zweite Reihe von Verwaltungskosten, welche bisher durch verschiedene Gesetze auf die Zoll- und Steuereinkünfte angewiesen waren, darunter die Verwaltungskosten der Revenue Departements, welche fortan durch jährliche Parlamentsvota bewilligt werden sollen. Das Finanzministerium wird ermächtigt, durch Regulative diese Uebertragungen von einem Fonds auf den andern und die dadurch bedingten Aenderungen der Buchführung und der Beläge zu ordnen. — Im Ganzen ist dieser Wechsel nochmals zu Gunsten der parlamentarischen Ausgabe-Bewilligung, besonders da „in Erwägung, daß es angemessen ist, das Brutto-Einkommen und die Ausgabe des vereinigten Königreichs unter die unmittelbarere Controlle des Parlaments zu bringen," — künftighin alle Gehalte, Erhebungs- und Verwaltungskosten der Zölle, Inland Revenue und der Post auf die vom Parlament jährlich bewilligten Gelder angewiesen werden, — womit jährlich noch etwa 5,000,000 £ Finanzverwaltungskosten Gegenstand der Bewilligung geworden sind.

III. In nothwendiger Wechselwirkung mit diesen Verhältnissen steht das Verfahren des Parlaments bei der Behandlung des Staatshaushaltsetas[3]), wie solches schon oben (§. 60) zur Erläuterung der Stellung des Schatzkanzlers eingeführt worden ist. Dem Parlament werden zuerst die Estimates der Armee und Marine (für welche der consolidirte Fonds nur einige geringe Zuschüsse leistet) zur Bewilligung vorgelegt, die nach bestimmten Klassen und Voten geordnet vor sich geht. Dann folgt die Berathung der Civil Services Estimates, von welchen aber ein erheblicher Theil auf den consolidirten Fonds angewiesen sind. Die dem Parlament zu bewilligenden Posten zerfallen in 7 Abtheilungen und jetzt etwa 150 einzele Vota, welche freilich allerlei nachträgliche Supplementar-Estimates im Laufe der Session nicht ausschließen.

Sobald eine Verständigung über die Hauptposten der Ausgaben zu

Stande gebracht ist, rückt der Zeitpunkt heran, in welchem der Schatzkanzler in mündlichem Exposé den General-Finanzplan des laufenden Jahres vorlegt, welcher das „Budget“ im englischen Sinne bildet. Er verknüpft damit seine Vorschläge über Aufhebung, Ermäßigung oder Erhöhung alter Steuern, über Einführung neuer Steuern, und schließt mit der Aufstellung von Resolutionen, die er zur Annahme des Hauses, d. h. zunächst des **Committee of the whole House**, empfiehlt. Diese Resolutionen, wenn sie angenommen und dem Hause einberichtet sind, bilden die Grundlage zur Ausführung der vom Finanzminister für das laufende Jahr beabsichtigten gesetzlichen Finanzmaßregeln. Zur Deckung der anerkannten und großentheils schon votirten Staatsausgaben sind die gegebenen Mittel aber dreifach.

1) Behufs vorübergehender Deckung wird die Ermächtigung zur Emission von Schatzscheinen, **Exchequer bills**, ertheilt, welche dadurch motivirt ist, daß die Staatsausgaben schon in Masse vom Unterhaus bewilligt sind, während über Deckungsmittel noch kein definitiver Beschluß gefaßt ist.

2) Als definitives Deckungsmittel bietet sich das **Surplus** des consolidirten Fonds dar, welches in der Regel ausreicht, den größeren Theil der Jahresausgaben zu bestreiten, zu dessen Verwendung **ad hoc** aber die Zustimmung des Parlaments vorbehalten ist.

3) Für den so nicht gedeckten Bedarf werden neue Gesetze nöthig, durch welche temporäre Steuern erneut, neue Steuern eingeführt, oder bestehende Steuern erhöht werden.

So wird die Berathung über den Staatshaushalt die Anknüpfung für verschiedene Finanzgesetze der Session, welche in der älteren Parlamentspraxis in zufälliger Ordnung und wechselnder Form zu ergehen pflegten. Seit mehren Jahrzehnten ist indessen das Bestreben systematischer Zusammenfassung sichtbar. Seit 1861 erscheinen sie als ein zusammenfassendes Gesetz unter der Ueberschrift; **an Act to continue certain Duties of Customs and Inland Revenue for the Service of Her Majesty, and to alter and repeal certain other Duties**: 24 et 25 Vict. c. 20; 25 et 26 Vict. c. 22; 26 et 27 Vict. c. 22; 27 et 28 Vict. c. 18; 28 et 29 Vict. 30. In diesem Gesetz faßt sich nun der bewegliche Theil des Staatseinkommens nach wiederkehrenden Rubriken zusammen. Das letztcitirte Gesetz von 1865 bewilligt **Sched. A.** einen Zoll von 6 d. auf das Pfund Thee für 1 Jahr; **Sched. B.** amendirt den Stempel auf Feuerpolicen, und zwar perpetuirlich; **Sched. C.** bewilligt für das laufende Jahr eine Einkommensteuer von 4 d. **in the Pound**. — Nach der heutigen Lage der Dinge liegt also der Schwerpunkt der temporären Steuerbewilligung in der Einkommensteuer und in einem einzigen Artikel des Zolltarifs. (Schon in der älteren Praxis war das Parlament darauf bedacht gewesen, bei Gelegenheit neuer Steuerbewilligungen einzelne Zollartikel wieder unter die Rubrik der temporären Bewilligungen zu bringen).

Nach dieser Reihe von Einzelbeschlüssen folgt endlich:

IV. Die sogenannte Appropriations-Bill [4]) Erst nachdem einerseits die Staats-Ausgaben durch mehr als 200 Einzel-Vota festgestellt, andererseits die zur vollständigen Deckung erforderlichen Gesetz-Entwürfe angenommen sind, rückt — nicht selten erst gegen Ende der Session — der Zeitpunkt heran, um das zusammenfassende Etats-Gesetz zu erlassen unter dem Titel: „**An Act to apply a Sum out of the Consolidated Fund and the Surplus of Ways and Means to the Service of the Year 18—, and to appropriate the Supplies granted in this Session of Parliament.**“ Das zuletzt ergangene vom 6. Juli 1865, 28 et 29 Vict. c. 123, bewahrt die herkömmliche Form und Anordnung, wird aber übersichtlicher gemacht durch die beigefügten Schedules, welche die große Masse der Zahlen in die Anlage verweisen. Da die dispositiven Worte des Gesetzes formularartig wiederholt werden, so beschränken sich die gewöhnlichen Ausgaben der Gesetzsammlung längst auf eine Inhaltsanzeige, in jüngster Zeit sogar nur auf den Abdruck der beigefügten Schedules. Im Eingang werden die vorläufigen Bewilligungen durch Exchequer-bills und aus den Ueberschüssen des consolidirten Fonds recapitulirt und die Summe der bewilligten Ausgaben zusammengefaßt (§. 10). Dann folgt die Bewilligung für die Marine in 18 votis; für die Armee in 27 votis; für die Civil Services in 164 votis; dann die Revenue Departments in 4 votis; 1 Votum für den Postpacketdienst; 1 Votum für die neuen Gebäude der Gerichtshöfe. Dazu gehört die generelle Bestimmung, „daß die so bewilligten Ausgaben, mit zusammen 39,836,738 £, aus den bewilligten Wegen und Mitteln zu decken.“ — Den Schluß macht die herkömmliche Generalclausel, daß die bewilligten Mittel zu keinen anderen als den bewilligten Zwecken zu verwenden sind; mit dem Vorbehalt, daß die Verwaltung ermächtigt sein soll, unvorhergesehene Ausgaben in einem Dienstzweig der Army oder Navy aus einem anderen Ausgabetitel zu bestreiten. Die hergebrachte Clausel lautet: „**The said aids and supplies, provided as aforesaid, shall not be issued or applied to any use, intent or purpose whatsoever other than the uses, intents, or purposes, before mentioned, or for the other payments, appropriation, or application, directed to be made or satisfied thereout by any Act or Acts, or any particular clause or clauses for that prurpose, contained in any other Act or Acts of this session of Parliament.**“ Als unausführbar sah man die Clausel jedoch an für die Armee- und Marine-Etats, da sich die Bedürfnisse einer in allen Welttheilen zerstreuten Kriegsmacht nicht genau bemessen lassen. Seit 1846 ist sie auch darauf bezogen mit der Clausel: **that in case it be indispensably necessary, the proportions assigned to any of the separate departments of each for those services may be varied, provided that the total for each service be not exceeded.**

Die letzte Sanction dieser Grundsätze beruht auf dem Grundsatz der Ministerverantwortlichkeit. Hastell, Precedents III. 207 ff. In einem Prozeß des Mr. Churchword wider den Fiscus hat noch im December v. J. die Queen's Bench einstimmig entschieden, daß alle von der Ministerialverwaltung abgeschlossenen Verträge unverbindlich seien, „sofern das Unterhaus in seiner constitutionellen Befugniß die Mittel dazu nicht bewilligt oder ausdrücklich verweigert hat.“ Außerdem aber sind die Einrichtungen des alten Exchequer zu dem Zweck einer Controlle gesetzmäßiger Verausgabung beibehalten, durch ein neueres Verfahren der Rechnungs-Revision und andere Amts-Einrichtungen ergänzt. Es schließt sich daher an dieser Stelle an;

1) Die Staats-Controlle, Comptroller General (§. 68a).

2) Die General-Zahlkasse, Paymaster General (§. 69).
3) Die Oberrechenkammer, Commissioners of Audit (§. 70).
4) Die Staats-Schuldenverwaltung, National Debt Office.

Die jährlichen Budget-Verhandlungen des Parlaments erscheinen hiernach allerdings zerstückelt, aber so geordnet, um einen Widerspruch zwischen Budget und Gesetz zu verhüten. Die Einheit des Finanzplans wird dabei durch die Vorträge des Schatzkanzlers und durch die mündliche Verhandlung in den Formen eines Committee of the whole House stetig erhalten, so schwer übersichtlich sie dem Außenstehenden in der gewaltigen Masse der Parlamentspapiere auch erscheinen.

*) Das geschichtliche Verhältniß zwischen der erblichen dauernden und der vom Parlament bewilligten temporären Revenue ist ausführlich aber nicht genügend von Blackstone I. Cap. VIII. beschrieben. Das normannische Finanzrecht hatte den König mit einem dauerndem Einkommen ausgestattet, welches zur Deckung aller Staatsbedürfnisse reichlich genügte (Seite 182—193). Mit dem 13. Jahrhundert beginnen indessen die chronischen Finanzverlegenheiten des Königthums. Im 14. und 15. Jahrhundert haben die französischen Kriege das Gleichgewicht aufgehoben und unter Heinrich V. die permanente Revenue auf ihren niedrigsten Standpunkt gebracht. In dem Kriege der beiden Rosen wurde jedoch das königliche Einkommen wieder hergestellt, und in dem Jahrhundert der Tudors, trotz der Verschwendung Heinrich's VIII., im Ganzen behauptet; die Extraordinary Revenue diente in der That nur zu periodischen außerordentlichen Bedürfnissen. Unter Jacob I. ging das Gleichgewicht aber verloren durch gedankenlose Verschwendung; der Versuch einer verfassungswidrigen Herstellung unter Carl I. wurde die Hauptveranlassung des Bürgerkrieges. Nach der Restauration wurde für Carl II. und Jacob II. die permanente Revenue reichlich hergestellt, aber in beispielloser Weise gemißbraucht. Wilhelm III. versuchte nach solchen Erfahrungen vergeblich das dem Staate Nothwendige wieder zu gewinnen. Erst seit dem Regierungsantritt Anna's kehrt die Praxis der Parteiregierung bewußt oder instinctiv zu einem System permanenter Staatseinnahmen zurück, und bis zum Schluß des 18. Jahrhunderts ist die Hauptmasse der hergebrachten Steuern und Staatseinkünfte permanent geworden, mit Vorbehalt eines Bruchtheils, der für wechselnde Staatsbedürfnisse und für den Einfluß des Parlaments offen blieb. Erst durch die Einkommensteuer Pitt's und durch die neue Einkommensteuer Robert Peel's hat dieser bewegliche Theil wieder eine gewisse Bedeutung erlangt. Die Darstellung Blackstone's giebt kein Bild von diesen wirklichen Verhältnissen. Eine wesentlich zuverlässige Uebersicht von Regierung zu Regierung giebt aber die Schrift von Sinclair, History of the British Revenue 3. d. Edit. 1803, 3 Vol. John Mc. Arthur, Financial and Political Facts 4 th. Ed. 1803. W. Tayler, History of the Taxation.

**) Ueber die Bildung des consolidirten Fonds siehe Blackstone I. 329—333. Für die ältere Finanzverwaltung bildete jede Hauptklasse der Staatseinnahmen, Zölle, Accise, Stempel 2c. ein Ganzes, einen eignen „Fonds". Auf jeden dieser Fonds wurden gewisse Bedürfnisse des Staats angewiesen, sowie auch die Zinsen der Staatsschuld, nachdem eine solche entstanden war. Der erste Schritt zur Consolidation bestand in einer Zusammenfassung in drei Fonds, den aggregate fund, general fund, South sea fund; in jedem derselben wurden gewisse Einnahmen vereinigt: die Haus- und Fenstertaxe, ein Theil der Zölle und Accise in dem ersten Fonds; die Landtaxe, die Posteinkünfte, ein Theil der Zölle und Accise im zweiten Fonds; wieder andere Einkünfte im dritten Fonds. Ebenso wurden die Staatsausgaben auf die drei Fonds vertheilt. Was jährlich in jedem Fonds übrig blieb, und noch einige kleinere Staatseinnahmen, wurde dann zu einem Schuldentilgungsfonds, „sinking fund“ vereinigt, der aber so sehr mit anderen Ausgaben belastet wurde, daß zur Schuldentilgung wenig oder nichts übrig blieb. Die Einzelfonds waren für bestimmte Staatsschulden verpfändet, die aber unter Georg III. so gewaltig anwuchsen, daß man genöthigt wurde, durch 27 Geo. III. c. 13 die drei Fonds in den „Consolidirten Fonds“ zu vereinigen, durch 56 Geo. III. c. 98 auch die consolidirten Fonds von Großbritannien und Irland zusammenzuschmelzen und mit den Zinsen der gesonderten Staatsschuld zu belasten. Seit dem Regierungsantritt Georgs III. wurden dann auch die erblichen Revenüen der Krone (freilich widerruflich) dem consolirten Fonds überlassen, wogegen die Krone eine fixirte Civilliste annahm, die mit den darauf lastenden Gehalten, Pensionen und Verwaltungskosten unabhängig von der jährlichen Parlamentsbewilligung blieb. — Im 17. Jahrhundert hatten diese permanent angewiesenen Gehalte in der That noch den wesentlichen Bestand der Civilverwaltung umfaßt. Unter Karl II. waren beispielsweise darauf angewiesen die Ambassadors mit 40,000 £, das Richterpersonal mit 49,000 £, der Secret Service mit 20,000 £. Sinclair I. 292. Allein die Behörden und Verwaltungskosten wuchsen mit jedem Jahr, und wurden nun entweder auf die Parlamentsbewilligung übernommen, oder (wie die Beamten der Revenue Departements) von den Jahreseinkünften vorweg abgezogen. Der bewegliche Theil der Staatsausgaben wächst in rapidem Maße; während der permanent fixirte Theil zusammenschrumpft. Wenn übrigens die Stellung des consolidirten Fonds in dem Obigen einer juristischen Person verglichen ist, so ist damit nicht gerade der römische Begriff gemeint; vielmehr eine juristische Person im staatsrechtlichen Sinne, welche zu dem Zwecke fingirt wird, um gewisse Ausgaben nicht zur persönlichen Verfügung des Monarchen (wie die frühere erbliche Revenüe), sondern zur Verfügung nach Maßgabe der Gesetze zu stellen. Ohne einen neuen theoretischen Begriff aufzustellen, hat der consolidirte Fonds den practischen Zweck:

1) die Masse der Staatseinnahmen so zu stellen, daß darüber nur nach Maßgabe des Gesetzes oder mit Zustimmung beider Häuser verfügt werden könne;

2) die Ausgaben so zu stellen, daß die Staatsverwaltung gesetzlich feststehende Ausgaben unmittelbar, alle anderen nur mit Zustimmung des Parlaments machen könne.

***) Das heutige Verhältniß von **Budget** und Gesetz ist das oben dargestellte. Da aber aus Blackstone die wirklichen Verhältnisse nicht ersichtlich sind, so veranlaßte diese Lücke die irrige Vorstellung des Continents,

> als ob die parlamentarische Regierung auf einer jährlichen Bewilligung aller Einnahmen und Ausgaben des Staats durch das Parlament beruhe.

Durch Benjamin Constant's scharfsinnige Logik wurde daraus ein Glaubensartikel der constitutionellen Lehre. In der Wirklichkeit ist eine solche Regierungsweise unausführbar. Jene Vorstellung konnte sich nur bilden aus einer Unklarheit über das Verhältniß von Verfassung und Verwaltung, und aus dem Mangel an Erfahrung, Verständniß und Sinn für eine Staatsverwaltung nach Gesetzen. Hätte ein solches Verhältniß jemals in England bestanden, so hätte die Regierung sofort unmittelbar der Majorität des Unterhauses überlassen werden müssen. Es entstände daraus in der That eine Parteiregierung ohne jede Verantwortlichkeit und Schranke — ein Absolutismus, welcher mit der Gruppirung der Interessen in kurzen Zeiträumen mit den Majoritäten wechseln würde. Um nur Hauptgesichtspunkte hervorzuheben, so würden

1) die Rechte und Interessen der Einzelnen durch solche Finanzbeschließung stetig gefährdet, da die meisten Steuern, namentlich Grund-, Ge-

werbe-, Verbrauchssteuern, Zölle (bei denen sich die Interessen gesellschaftlicher Klassen sehr fühlbar gegenüberstehen), dadurch in einen schwankenden Zustand gerathen würden, der alle volkswirthschaftlichen Verhältnisse in Verwirrung brächte.

2) Die ganze Verwaltung des Staates, einschließlich der Gerichte, würde in ihrer Existenz und Richtung unmittelbar abhängig von den Beschlüssen der wechselnden Majoritäten und Parteien, gegen welche die Permanenz der Staatsverwaltung die rechtliche Schranke sein soll.

3) Das Dasein einer ersten Kammer oder eines Oberhauses als Organ zum Schutz der bestehenden Rechtsordnung würde illusorisch, da jedes bestehende Gesetz durch Majoritätsbeschluß der zweiten Kammer mittels Versagung der Mittel zur Ausführung außer Kraft zu setzen; jedes neue Gesetz als Bedingung der Geldbewilligungen unmittelbar durchzusetzen wäre.

4) Folgerecht wäre mit den einzelnen Landesgesetzen die ganze Verfassung eines Staats durch Budgetbeschlüsse außer Kraft zu setzen; actuell würde an Stelle einer Regierung nach Gesetzen eine Regierung nach den täglichen Beschlüssen des steuerbewilligenden Körpers treten; wie solche Zustände auch in Frankreich für kürzere Perioden wirklich eingetreten sind.

In England hat man solche Fragen theoretisch nicht aufgeworfen, weil die Parlamentsverfassung auf einem so extravaganten Budgetrecht niemals beruht hat. Bei den einzelnen praktischen Fragen hat man aber Versuche zur Abänderung der Landesgesetze durch Budgetbeschlüsse mit Bestimmtheit zurückgewiesen. Namentlich hat das Oberhaus ein Bepacken von Finanzbeschlüssen mit heterogenen Gesetzbeschlüssen (Tacking) niemals aufkommen lassen. „Wäre die Praxis des Tacking nicht noch mehr unconstitutionell unter der Regierung Victoria's, als unter der Carls II., so könnten wir erleben, daß in einer Geldbewilligungsbill, welche an die Lords geschickt wird, plötzlich eine Packclausel erschiene über die Zulassung der Juden ins Parlament, über die Ehe mit der Schwester der verstorbenen Frau u. s. w." Amos, Engl. Constitution, p. 73. — — —

1) Die **Permanenz der Staatseinnahmen** in ihrem Fortschritt während des 18. Jahrhunderts ist um so bedeutungsvoller, da das englische Parlament unbestritten die größte Macht, die günstigste Gelegenheit und das lebhafteste Mißtrauen gegen eine vom Parlamente unabhängige Staatsregierung hatte. Es ist daher von Bedeutung, wie von Jahrzehnt zu Jahrzehnt Whigs und Tories wetteifernd die Permanenz des Staatseinkommens befördert haben — als Beweis ihrer sachlichen Nothwendigkeit für den modernen Staat. Nach dem Finanzgesetz von 1865 beschränken sich die temporär bewilligten Steuern, wie bemerkt, auf die Income Tax zu $1\frac{2}{3}$ Procent und auf die Zuckersteuer von $\frac{1}{2}$ d. auf das Pfund — eine mäßige Proportion zu einem Staatseinkommen von jetzt beinahe 70,000,000 £. Es ist damit der Grundsatz, daß die erfahrungsmäßig nothwendigen ordentlichen Bedürfnisse des Staats durch ein permanentes Einkommen gedeckt sein müssen, in der That verwirklicht, wie dies auch in früheren Menschenaltern der normale Zustand in England war. Wenn in früheren Jahrhunderten die Summe der Extraordinary Revenue verhältnißmäßig sehr hoch erscheint, so darf nicht übersehen werden, daß die laufenden Hauptbedürfnisse des Staats, Kriegs-, Gerichts-, Polizeidienst noch auf persönliche Leistungen angewiesen waren, zu denen die Staatsgeldwirthschaft nur ergänzend hinzutritt. Je überwiegender alle Hauptbedürfnisse durch Geld zu bestreiten sind, um desto stärker kommt der Grundsatz der Permanenz der Staatseinnahmen zur Geltung.

2) Die theilweise **Permanenz der Ausgaben** erreicht in den heutigen Verhältnissen allerdings die Summe von jährlich 30,000,000 £. und darüber; die Hauptmasse bilden aber die Zinsen der Staatsschulden. Die übrigen

festen Posten waren nach den Finance Accounts von 1864 nur 1,965,139 £ ordentliche dauernde Ausgaben; darunter die Gehalte des Sprechers des Unterhauses, des Comptroller General of Exchequer, der Mitglieder der Oberrechenkammer und der Lunacy Commission, des Lordlieutenants von Irland, des ordentlichen Personals der Gesandtschaften (152,000 £), des gesammten englischen Richterpersonals (237,175 £), des Richterpersonals in Schottland, Irland und zahlreiche so versicherte Pensionen, und Abfindungen für aufgehobene Aemter und Gebühren. Die überwiegende Masse der sachlichen und persönlichen Kosten der Verwaltung dagegen beruht nur auf empowering statutes, und ist der jährlichen Vereinbarung vorbehalten. Die Parlamentspraxis hat sich jedoch nach wie vor der Reformbill sehr nachgiebig gegen die Forderungen der zeitigen Verwaltung, und nur gegen das System der Sinecuren strenger als früher gezeigt. Theils ist es die praktische Einsicht in die Nothwendigkeit angemessener Besoldungen, theils die persönliche Erfahrung, welche die Parlamentsparteien abwechselnd in der Leitung der Staatsgeschäfte gemacht haben, noch mehr aber das „Vertrauensverhältniß“ zwischen der zeitigen Majorität und der zeitigen Verwaltung, welches die reichliche Bewilligung der Staatsausgaben erklärt. Wie das Zuviel der parlamentarischen Rechte die Ministerverantwortlichkeit abschwächt, so hat das übergroße Ausgabebewilligungsrecht die Finanzcontrolle des Parlaments in sehr bedenklicher Weise abgeschwächt. May, Constitutional History I. 393 ertheilt ihr das bedenkliche Lob: „Seit der Revolution kam es nie vor, daß Forderungen der Krone für den Staatsdienst unbewilligt geblieben wären. Die Summen, welche die Minister als nothwendig bezeichneten, gewährten die Gemeinen. Nicht ein Soldat wurde durch ein Votum der Gemeinen aus dem Bestande des Heeres gestrichen, nicht ein Matrose, nicht ein Schiff aus dem der Flotte. Mit wenigen kaum nennenswerthen Ausnahmen sind die jährlichen Voranschläge ohne Abzüge votirt worden. Im Jahre 1858 war das Resultat der von dem Parlament vorgenommenen Prüfung, daß 300 £ als Salair für einen Reisenden der Nationalgallerie gestrichen wurden.“ (May, Const. Hist. I. 391). In ähnlicher Weise bemerkte Lord John Russel gegen Ende der Sitzung von 1860, daß alle Budgetberathungen seit 6 Jahren höchstens 20,000 £ an den Voranschlägen des Finanzministers gestrichen hätten! Unter einem populären Ministerium wird die Befugniß zu Abstrichen fast nur dem Namen nach geübt. Mißliebige Forderungen, die im Anfang der Sitzung etwa auf Widerspruch stoßen würden, werden in der Sommerhitze des Juli und August als Supplementary Estimates durchgebracht. In weiterem Zusammenhange damit stand die früher so mangelhafte Behandlung des Staatsrechnungswesens. — Noch weniger findet die constitutionelle Doctrin von der Ausgabeverweigerung in der englischen Parlamentspraxis seit den Zeiten der Revolution ihre Bestätigung. Als Thomas Pitt 1781 den Antrag stellte, die Bewilligung der Geldmittel auf einige Tage zu verschieben, um das Ministerium zu einer bindenden Erklärung zu nöthigen, mußte man im Unterhause zugestehen, daß ein ähnlicher Antrag seit der Revolution nicht gestellt worden sei, worauf derselbe mit großer Majorität abgelehnt wurde. „Der Fall des Jahres 1784 ist das einzige Beispiel, daß die Gemeinen sich ihrer Befugniß bedient haben, mit Bewilligung der Geldmittel zurückzuhalten. Die Krone hatte sie dazu durch verfassungswidrige Beeinflussungen gereizt. Das Mittel versagte aber im Augenblicke der höchsten Noth — man hat zu demselben nie wieder seine Zuflucht genommen. Die Gemeinen sind sich ihrer großen Verantwortwortlichkeit zu wohl bewußt, um ein so bedenkliches Verfahren einzuschlagen. Die Geldinstitute und der Credit des Staats hängen von den Bewilligungen des Hauses der Gemeinen ab; man darf nicht unbedacht eine Stockung herbeiführen.“ (May, Const. Hist. I. 393.)

3) Das Verfahren des Parlaments bei Berathung des Staats-

haushalts und der einzelen Finanzgesetze gehört der Darstellung des Parlamentsrechts an. Die Einzelheiten der Praxis geben ausführlich Hatsell's Precedents Vol. III.; gedrängter May, das Englische Parlamentsverfahren, lib. II. 21; recht anschaulich Cox, Institutions, S. 177 — 202. Die klarste und umfassendste, aber nicht ganz unbefangene Darstellung ist die Denkschrift des Schatzkanzlers vom April 1857 (s. § 68a. Note*). — Seit 1860 sind auf Veranlassung des Streits mit dem Oberhause die oben bemerkten Aenderungen eingetreten, namentlich die Zusammenfassung der temporär bewilligten Staatseinnahmen in ein Hauptfinanzgesetz, in welchem jetzt die für das laufende Jahr bewilligte Einkommensteuer, temporär bewilligte Zölle, und alle Aufhebungen und Amendements zu den Gesetzen über Zölle und Inland Revenue zusammengefaßt werden, um dem Oberhause eine theilweise Annahme und Amendirung zu erschweren.

4) Die Appropriationsbill als das End- und Hauptbudgetgesetz hat ihre Entstehung in dem unter Carl II. eingeführten Verfahren (oben S. 599). Unter Wilhelm III. und Anna wechselte die Praxis der Appropriation. Zuweilen wurde der Ertrag in derselben Acte applicirt, durch welche die Steuer bewilligt war; zuweilen folgte nachträglich in derselben Session ein Gesetz über die Verwendung; zuweilen wurden die bewilligten Summen in verschiedenen Proportionen auf einzelne Dienstzweige angewiesen. In der Kriegszeit unter Anna wurden die Bewilligungen nur generell gefaßt „zum Dienst der Armee, Marine, des Feldzeugamts" ohne Trennung der Summen für die einzelnen Dienstzweige. Nach dem Frieden von Utrecht kehrte man aber zu der Specialisirung der Rubriken zurück, für welche die Verwendung geschehen muß, und dies ist seitdem zur festen Maxime geworden, Hatsell III. 204. Die scheinbare Zerstückelung der Budgetverhandlungen wird in der Appropriationsbill soweit zusammengefaßt, wie die Budgetbeschlüsse ein Ganzes bilden können, ohne in Widerspruch mit der Gesetzgebung zu treten. Eine volle Uebersicht des Staatshaushalts giebt nur die Hauptfinanzrechnung, Finance accounts (unten §. 71). Im Uebrigen wird der Zusammenhang, welcher in den Verwaltungsstaaten des Continents durch die tabellarische Vorlage des ganzen Finanzetats erstrebt wird, durch die mündlichen Verhandlungen und durch andere Vorlagen erhalten. Die Appropriationsbill wird von einer Vorlage begleitet, welche den rechnungsmäßigen Nachweis führt, daß die durch einzelne Resolutionen und Finanzgesetze bewilligten Summen in ihrer Gesammtheit mit den in das Hauptgesetz aufgenommenen Summen übereinstimmen. Die Vorlage pro 1864 lautet: Amounts voted in Supply, and the Grants of Ways and Means, in the Session of 1864; with an Abstract of the Votes in Supply and Ways and Means, as set forth in the Appropriation Bill of Session 1864. N. 521 (XXXIV. 393). Für diesen Schlußact der Budgetverhandlungen gilt der Sprecher des Unterhauses als verantwortliches Hauptorgan.

§. 68a.

Die General-Controlle, Comptroller General.*)

Die Hauptcontrolle für die verfassungsmäßige Vereinnahmung und Verausgabung der Staatsgelder lag von Alters her in den Amtseinrichtungen des Exchequer. Schon seit dem 11. Jahrhundert war in England eine Centralisation der Einnahmen und Ausgaben erreicht, und im Interesse der Königlichen Finanzverwaltung eine Anzahl von Aemtern gebildet mit der zwiefachen Bestimmung:

1) einer rechnungsmäßigen Controlle der Einnahmen, so daß

die Schatzbeamten keinerlei Gelder vereinnahmen konnten, ohne solche durch die öffentlichen Bücher passiren zu lassen;

2) einer gesetzmäßigen Controlle der Ausgaben, so daß keine Ausgabe ohne Königliche Order passiren konnte, — an deren Stelle später der **King in Parliament** trat, so daß jede Ausgabe entweder durch Parlamentsacte ein für alle Mal, oder durch Budgetbeschlüsse für eine bestimmte Parlamentsperiode genehmigt sein mußte.

Die beiden Hauptämter für diesen Zweck waren die des **Auditor of the Exchequer** und des **Clerk of the Pells** in Verbindung mit den **4 Tellers of the Exchequer.** Diese Aemter blieben unabhängig von der später entstandenen Parteiregierung, indem sie durch feudale Verleihungen erblich constituirt waren; die hohen Gebühren flossen meistens einem hochgestellten Pair oder **Gentleman** zu, dessen Stellvertreter unabhängig von der zeitigen Ministerverwaltung die Functionen versah. Seit der Reformbill fand man diese Einrichtungen zu theuer und bekämpfte sie als einen Theil des Systems der Sinecuren. Zugleich erschien die Kassenverwaltung des alten **Exchequer** zu schwerfällig und den Zeitbedürfnissen nicht entsprechend. In den Jahren 1830 und 1831 fanden darüber verschiedene Untersuchungen statt, und die meisten Vorschläge der damaligen **Commission of Inquiry** wurden zum Gesetz erhoben durch **st. 4 et 5 Will. IV. c. 15** in folgenden Richtungen:

1) Die Kassenverwaltung im engeren Sinne wird von dem **Exchequer** auf die Bank übertragen, wie sich dies in der Praxis zum Theil schon früher gestaltet hatte in Folge der massenhaften Verwendung von Noten als Zahlungsmittel. Die Bank von England tritt in dieselbe Stellung zur Krone wie jeder Banquier zu einem Kunden, der ein Conto in seinem Hause hat. Das Staatseinkommen wird in die Bank eingezahlt auf das **Credit** des **Comptroller of the Exchequer.** Andererseits leistet die Bank auf gehörige Anweisung die Zahlung der Jahresrenten, Dividenden und Zinsen der Staatsschuld, die sonstigen Leistungen des consolidirten Fonds, die Zahlungen an die verschiedenen Zweige das Dienstes auf Anweisungen der Finanzverwaltung.

2) Das Controllgeschäft für die Rechnungsmäßigkeit der Einnahmen und für die Gesetzmäßigkeit der Ausgaben geht auf einen **Comptroller General** über, der das Verwaltungsrecht der alten Aemter continuirt. Durch **4 et 5 Will. IV. c.15 §. 1.** werden nämlich die Aemter des **Auditor,** der **4 Tellers,** des **Clerk of the Pells** aufgehoben, und dafür eingesetzt ein **Comptroller General of the Receipt and Issue of his Majesty's Exchequer** mit einem **Assistant Comptroller, Chief Clerk** und Büreaupersonal.**) Der **Comptroller** mit gesetzlich fixirtem Gehalt von 2000 £ ist Controlleur aller Zahlungsoperationen aus der Bank und an die Bank im größten Maßstabe. Er ist unfähig zu jedem anderen Amt und zu einem Sitz im Parlamente, wird unter dem großen Siegel ausdrücklich auf Lebenszeit **(during good behaviour)** ernannt, entlaßbar nur auf Adresse beider Häuser des Parlaments, analog den Reichsrichtern. Er theilt sich mit seinem Stellvertreter in folgende persönlich auszuübende Functionen, welche eine Fortsetzung des alten Amtsrechts seiner Vorgänger bilden:

I. als rechnungsmäßige General-Controlle der Staats-Einnahmen.[1]) Die verschiedenen Branchen der Einnahmen werden jetzt eingezahlt auf das Staatsconto der Bank von den einzelnen Einnahmedepartements „unter Autorität des **Comptroller General**". Nach 4 et 4 Will IV. §. 9., 10. und in Anschluß an die älteren Einrichtungen gestaltete sich dies dahin: Der Staatseinnehmer oder sonstige Zahler hat sich zu verschaffen gedruckte Formulare für Anweisungen zur Zahlungsannahme an die Bank von England. Solche sind in dem Büreau des **Comptroller** zu haben, und lassen **in blanco** die Summe und die nähere Bezeichnung der Natur der Zahlung offen. Diese Formulare werden in einem doppelten Exemplar von dem Zahlenden ausgefüllt, dem **Comptroller** zur Zeichnung präsentirt und dem Zahler zurückgegeben, der dann beide Exemplare mit der zu zahlenden Summe dem Cassirer der Bank von England präsentirt. Dieser notirt darauf den Empfangsvermerk, **receipt**, übersendet das eine Exemplar an demselben Tage dem **Comptroller** und händigt das andere dem Zahler aus, der es dann später beim Controllamt präsentirt und dafür eine specielle Quittung, **acquittance**, empfängt. Diese ist sein formeller Belag bei der Behörde, welche seine Rechnungen revidirt, und von welcher er dann seine endgültige Quittung erhält. Nach der neueren Einrichtung werden die Hauptmassen der Staatseinnahmen von dem **Receiver General** direct eingezahlt, und der General-Controlleur übt die Controlle hauptsächlich durch Extracte aus den Büchern der Bank, welche ihm täglich mitgetheilt werden. Die Gestaltung der Buchführung und der Formulare war im Gesetz (§. 6.) dem Finanzministerium überlassen.

II. Die General-Controlle der Staatsausgaben bildet den eigentlichen Schwerpunkt des Amtes. Der General-Controlleur wacht darüber, daß keine Zahlungsanweisungen auf Staatsgelder aus dem Finanzministerium erlassen werden ohne gehörige Autorisation, 4 et 5 Will. IV. c. 15. § 11—14, 20. Um Geldsummen aus dem Staatsschatz zu ziehen, bedarf es regelmäßig noch immer einer Kabinetsorder, contrasignirt von den **Commissioners of the Treasury**, welche den General-Controlleur autorisirt und anweist bei der Bank von England auf das **Credit** des zur Empfangnahme berechtigten Staatsrechnungsbeamten den Betrag der so bewilligten Summen zu bestimmten Zeiten und zu bestimmten Raten zu stellen. Die **Order** nimmt Bezug auf die besondere Acte oder das besondere Votum des Parlaments, sie wird in den Büchern der **Treasury** registrirt und mit einem begleitendenden Ministerialrescript, **Treasury Warrant**, dem General-Controlleur übersandt, der sie ausführt durch Anweisung an die Bank von England. Auf Grund dieser letzten Anweisung (**warrant**) erst erhebt der betreffende Departementsbeamte die Gelder selbst. — Zahlungen, die verfassungsmäßig aus dem consolidirten Fonds oder auf Grund von Etatstiteln erfolgen, welche speciell durch Parlamentsacte appropriirt sind, bedürfen indessen keiner Kabinetsorder, sondern es genügt dafür das Ministerialrescript mit Bezugnahme auf die Parlamentsacte. — In allen Fällen ist es die Pflicht des **Comptroller** sich die Gewißheit zu verschaffen, daß das Ministerialrescript conform ist der königlichen Order, dem Gesetz und der Parlamentsbewilligung. Er kontrollirt in dieser Weise jede Behörde und jede Person, welche Gelder aus dem Schatze zieht, und ist deshalb unabhängig von dem Parteiwechsel gestellt, unabsetzbar und verantwortlich nur den beiden Parlamentshäusern gemeinschaftlich. Weigert er die Annahme einer Anweisung wegen Zweifels an der Verfassungsmäßigkeit, so hat die **Treasury** bei dem Hofe der **Queen's Bench** zu klagen, wo im Wege des Mandatsprocesses (**Writ of Mandamus**) die Frage gerichtlich entschieden wird.

III. Der **Comptroller** leitet zugleich die Operation der Extrahirung und Honorirung der **Exchequer Bills**, nach dem durch 57 Geo. III. c. 48 gebildeten Systeme (Gesetz §. 26, 27). Soweit die laufenden Einnahmen nicht ausreichen für die Bedürfnisse des Dienstes, werden die Einnahmen anticipirt auf kurze Perioden durch Ausgabe von Schatzbills auf Grund eines **Treasury Warrant** mit Autorität des Parlaments. Diese Bills lauten auf größere oder kleinere Summen, tragen dem zeitigen Zinsfuß entsprechend gewöhnlich 1½—2½ d. per 100 £ tägliche Interessen, und bilden den Haupttheil der sogenannten unfundirten Schuld. Die ausstehenden Schatzbills wurden früher in 2 Perioden jährlich, nämlich im März und Juni, wieder eingezogen bei dem **Paymaster General**, welcher die alten gegen neue Bills auswechselt und die Zinsen auszahlt, zu welchem Zwecke das Parlament (**Committee of Supply**) die nöthigen Deckungssummen votirt. — Die zeitweisen Vorschüsse der Bank von England an die Regierung werden auf besondere Schatzbills geleistet (**Deficiency Bills**) und sofort honorirt, sowie die Einnahmen eingehen.

*) Die Hauptquelle zur Auskunft über die heutigen Verhältnisse der Staatscontrolle, der Oberrechenkammer und der Generalstaatskasse bilden die Reports from Select Committee on Public Moneys 1856, 1857. Der erste Bericht, welcher das Hauptmaterial enthält, erschien in den Parl. Papers 1856 N. 375. Vol. XV. Der Schwerpunkt liegt in der Zeugenaussage des zeitigen Comptroller General, Lord Monteagle of Brandon, p. 1—129, 269—355; vom Standpunkte des Finanzministeriums aus des Herrn W. G. Anderson, Principal Clerk, p. 129—224, 360, 405. Unter den umfangreichen Anhängen ist hervorzuheben: Appendix I., welcher den First Report of the Commissioners of Public Accounts vom 8. Oktober 1831 wieder abdruckt, auf Grund dessen das st. 4 et 5 Will. IV. c. 15 ergangen ist, sowie die Regulative (Minutes) des Finanzministeriums über die neueren Einrichtungen des Office of Re-Receipt und des Pay Office. — App. II. giebt die Materialien zu dem st. 17 et 18 Vict. c. 94. App. IX. eine Uebersicht der Fälle, in welchen die Generalcontrolle gegenüber dem Finanzminister wirksam geworden ist; es sind zwar nur zwei Fälle einer actuellen Verweigerung des Comptroller bekannt, aber in mehren hundert Fällen wurden die Zweifel des Comptroller durch vorhergängige Verhandlung zwischen ihm und dem Finanzministerium erledigt. App. XII., Papiere, betreffend den Geschäftsgang des Exchequer. App. XIII. über das System der Buchführung im Exchequer (p. 788—792). Unentbehrlich für das ungeordnete Material dieses Berichts ist der Index (N. 375. I. p. 1—106). Im folgenden Jahr ergingen dann auf Grund dieser Materialien zusammenhängende Berichte und Vorschläge, als Report on Public Moneys 1857, — Parl. Papers 1857. Sess. 2. p. 495—632, enthaltend einige Anträge des Committee; sodann eine Denkschrift des Finanzministers vom April 1857 über die bestehenden Finanzcontrollen (p. 25—53); ein Schreiben des Präsidenten der Oberrechenkammer (p. 53—61); ein ausführliches Gegenvotum des Comptroller General gegen die Denkschrift des Finanzministers (p. 62—136). Die Hauptfragen der Finanzcontrolle sind hier wohl erschöpfend behandelt. Ueber die Gesammtstellung des Exchequer als Controllbehörde giebt der Index zum Report von 1856 S. 43—48 das gedrängte Material.

GPSR Compliance

The European Union's (EU) General Product Safety Regulation (GPSR) is a set of rules that requires consumer products to be safe and our obligations to ensure this.

If you have any concerns about our products, you can contact us on ProductSafety@springernature.com

In case Publisher is established outside the EU, the EU authorized representative is:

Springer Nature Customer Service Center GmbH
Europaplatz 3
69115 Heidelberg, Germany

Batch number: 10844655

Printed by Printforce, the Netherlands